Kant für Anfänger

Der kategorische Imperativ

Eine Lese-Einführung
von Ralf Ludwig

Deutscher Taschenbuch Verlag

Originalausgabe
September 1995
3. Auflage April 1996: 9. bis 13. Tausend
Deutscher Taschenbuch Verlag GmbH & Co. KG,
München
© Deutscher Taschenbuch Verlag, München
Umschlaggestaltung: Klaus Meyer
Umschlagbild: Ralph Bittner
Gesamtherstellung: C. H. Beck'sche Buchdruckerei,
Nördlingen
Printed in Germany · ISBN 3-423-04663-5

Vorwort

Kant zu lesen, ist schwer. So beginnt das Vorwort in dem Parallelband zur ›Kritik der reinen Vernunft‹. In diesem Buch möchte ich anders fortfahren. Über Kants kategorischen Imperativ zu lesen, ist nicht nur interessant, sondern auch wichtig. Denn am Vernunftanspruch des kategorischen Imperativs kann keiner vorbeigehen:
– Nicht der Christ, der sein Handeln am Willen Gottes auszurichten versucht,
– nicht der Atheist, der die Verantwortung für seine Moral in die eigenen Hände nehmen will, dabei aber ungewollt überfordert ist,
– nicht der Agnostiker, der in seiner ideologischen Unverbindlichkeit seine Augen vor dem Anspruch der moralischen Verbindlichkeit nicht verschließen kann.

Und auch nicht der Überlebende des geistigen Preußentums. Vor allem er nicht. Denn Kants Vorstellung von Pflicht ist die Mitgift, die das philosophische Denken in die Ehe mit dem preußischen Thron eingebracht hat. Diese Mitgift hat, falsch verstanden, verkürzt wiedergegeben und in falschen Händen für die eigenen Zwecke mißbraucht, viel Unheil angerichtet.

Der kategorische Imperativ: Es gibt kaum jemanden, der diese zwei Worte noch nie gehört hat. Aber darüber, was er bedeutet, können nicht allzu viele Zeitgenossen eine Auskunft geben, die exakt und einigermaßen profund ist. Viele kennen ihn, den kategorischen Imperativ, geraten aber in Not, wenn sie ihn erklären sollen.

Für diese Not soll das vorliegende Taschenbuch eine Hilfestellung geben.

München, im Sommer 1995   Ralf Ludwig

Inhaltsverzeichnis

Ethik:
Die Frage nach dem richtigen Handeln........ 9

Die Ethik Kants:
Eine Annäherung........................ 14

Kant und die Religion 17

Ein Tag im Leben des Immanuel Kant:
Der liebenswerte Dilettantismus 19

Teil 1

Ausrüstung für den Weg:
Die Grundgedanken der
›Kritik der reinen Vernunft‹................ 27

Sichtung des Materials:
Kants ethische Schriften................... 32

Eine kurze Gebrauchsanweisung............. 35

Teil 2

Auf dem Weg zum obersten Moralprinzip:
Das Programm der praktischen Vernunft 37

Die erste Station:
Der gute Wille 42

Die zweite Station:
Die Pflicht.............................. 46

Die Forderung der Vernunft:
Erste Bekanntschaft mit dem
kategorischen Imperativ.................... 60

Ein kurzer Einschub:
Die Methode der Verallgemeinerung.......... 68

Teil 3

Der kategorische Imperativ:
Erste Formel............................. 73
Zweite Formel 75
   Kants Beispiele 76
Dritte Formel............................ 87
Vierte und fünfte Formel 91

Autonomie und Freiheit:
Der letzte Grund des
kategorischen Imperativs 95

Teil 4

Nachschlag ...
... für Fortgeschrittene 106
  1. Die Typik............................ 106
  2. Der Gedanke der Glückseligkeit.......... 109
  3. Der kategorische Imperativ
     innerhalb der Rechtslehre von
     Kants ›Metaphysik der Sitten‹............ 110
  4. Der kategorische Imperativ
     innerhalb der Tugendlehre von
     Kants ›Metaphysik der Sitten‹............ 114

Ein Blick zurück:
Die Ethik Kants in Kurzfassung 119

Literatur-Empfehlungen..................... 122

Ethik:
Die Frage nach dem richtigen Handeln

Mensch sein heißt handeln müssen. Mit diesen Zeilen beginnt ein uraltes Ethik-Schulbuch seine erste Seite. Der Satz stimmt. Menschliches Leben ist nichts anderes als eine notwendige Aneinanderreihung von Entscheidungen. Nur: sich nicht entscheiden, ist nicht möglich.

Klingelt der Wecker in der Frühe, und ich kann mich nicht entscheiden, aufzustehen, habe ich bereits trotz Schläfrigkeit eine Entscheidung getroffen: nämlich die, nicht aufzustehen.

Will ich mein ganzes Leben ohne Entscheidungen schleifen und durchhängen lassen, ist dies bereits eine Entscheidung, sich nicht entscheiden zu wollen. Vielleicht ist die einzige Möglichkeit, sich nicht mehr entscheiden zu müssen, der Selbstmord. Und selbst dazu brauche ich eine Entscheidung. Aber ist dies richtig?

Genau mit dieser Frage sind wir beim nächsten Schritt. Wir werden fragen müssen: Welches Handeln betrachten wir als richtig bzw. welche Entscheidung ist richtig? Dies zu entscheiden ist Aufgabe der Ethik.

Ethik: Der Begriff kommt vom griechischen Wort *ethos.* Es heißt in seiner ursprünglichen Bedeutung »Weideplatz« für Tiere, auf den Menschen übertragen »gewohnter Sitz«, später dann Gewohnheit, Sitte und Charakter. *Ethos* in der Übertragung ins Lateinische ergibt das Wort *mos/moris,* dessen Adjektiv-Form zu dem Begriff »moralisch« führt. So meinen »ethisch« und »moralisch« streng genommen dasselbe; allerdings ist man im heutigen Gebrauch übereingekommen, daß *Moral* das ist, was menschliches Handeln bestimmt, und *Ethik* das, was als philosophische Disziplin die Moral zum Thema und Gegenstand der Untersuchungen macht.

Um die Frage nach dem richtigen Handeln beantworten zu können, brauchen wir einen Ausgangsort, einen Standpunkt, von dem aus wir eine Begründung dafür ableiten, was richtig und was falsch ist.
Wir nehmen ein Beispiel:
Ich will meine Ehe beenden und mich scheiden lassen, weil mir jemand anderes besser gefällt.
Anhand von diesem Beispiel wollen wir einmal die fünf klassischen Begründungsmodelle der Ethik durchspielen.

1. Denke ich, der neue Partner vermehrt meinen Lebensgenuß, ist meine Einstellung: Gut ist, was mir Lust verschafft. Man nennt diesen ethischen Standort auch den *Hedonismus* (griech.: die Genußlehre).

2. Denke ich an mein Glück (nach der Einstellung: gut ist, was glücklich macht) und lasse mich scheiden, handle ich nach dem ethischen Standort des *Eudämonismus* (griech.: eudaimonia = Glück), allerdings in seiner niedrigsten Ausprägung. In seiner höchsten Form jedoch sucht der *Eudämonismus* das Glück in der sittlich wertvollen Handlung. Dann könnte das Glück in der sittlichen Entscheidung liegen, den Partner eben nicht zu verlassen.

3. Denke ich, der neue Partner ist meinem Kontostand oder meiner Karriere nützlich, und ich lasse mich scheiden, bin ich beim ethischen Grundtyp des *Utilitarismus* gelandet: Gut ist, was nützlich ist. Nützlich für mich, im eigentlichen Sinn aber für eine größtmögliche Anzahl von Menschen (lat.: utilis = nützlich).

4. Denke ich, ich darf mich nicht scheiden lassen, mit der Begründung: *weil geschrieben steht...* (in Koran, Bibel, Talmud oder aber auch in einem staatlichen Gesetz), vertrete ich den Standpunkt einer *heteronomen Gebotsethik*, d.h. ich lasse mein ethisches Handeln durch ein Gebot oder Verbot fremdbestim-

men (heteronom = fremdgesetzlich). Für mich ist eine Handlung genau dann moralisch, wenn sie einer festgelegten Norm entspricht, egal ob die Norm aus einem angeblich heiligen Buch stammt oder ob sie aus inhaltlichen Gründen fragwürdig ist. Vereinfacht kann man diesen ethischen Typ auch als *legalistische Ethik* bezeichnen.

5. Denke ich, die Vernunft macht es mir zur Pflicht, meinen Partner nicht zu verlassen, habe ich als Ausgangsort für meine ethische Beurteilung die *Pflichtethik* gewählt.

Diese fünf Begründungsmodelle der Ethik sind von unterschiedlicher Qualität. Die Gründe hierfür sind recht leicht zu beschreiben:

Zu 1. Schon Platon hatte den *Hedonismus* lächerlich gemacht: Wenn es jucke, sei das Sich-Kratzen äußerst genußvoll, hält er seinem Dialogpartner vor. Damit habe die »Krätze« aber noch lange keine sittliche Qualität.

Umgekehrt, fügen wir hinzu, ist eine Medizin nicht unbedingt unmoralisch, nur weil sie bitter schmeckt.

Wir sehen, daß der Standpunkt, gut sei nur das, was angenehm ist, Schwierigkeiten aufwirft. Obwohl der Hedonismus sehr viel Zutreffendes über das menschliche Tun und Lassen aussagt, beantwortet er die Frage, was richtig und was falsch ist, nicht grundsätzlich genug und taugt deshalb nicht für eine wirkliche Begründung der Ethik.

Zu 3. Auch das Modell des *Utilitarismus* taugt wenig, ja es kann sogar gefährlich werden. Wird der behinderte Mensch einem moralischen Prinzip der Nützlichkeit unterworfen, ist seine Beseitigung die fatale Folge, was der NS-Staat auf eine furchtbare Art in seinem Euthanasieprogramm vordemonstriert hat.

Zu 4. Mit einem ähnlichen Beispiel können wir die *heteronome Gebotsethik* in Frage stellen: Der KZ-

Soldat wird sich zur moralischen Rechtfertigung seiner Untaten auf einen Erlaß oder einen direkten Befehl anderer berufen.

Auch die Berufung auf Stellen der Bibel kann zu abstrusen Ergebnissen führen: Kreuzzüge wurden unter Berufung auf Bibelstellen ausgerufen, bestimmte Sekten verbieten die Bluttransfusion zur Lebensrettung unter Berufung auf Apostelgeschichte 15,20, u.ä.

In der Geschichte der Philosophie sind nun die beiden wichtigsten und folgenreichsten Ethik-Grundlegungen mit zwei Namen verbunden: Der erste ist *Aristoteles* (ethischer Grundtyp Nr. 2) und der zweite ist *Kant* (ethischer Grundtyp Nr. 5).

Der griechische Philosoph Aristoteles hat, nachdem schon Sokrates und Platon die ethischen Fragestellungen aufgeworfen hatten, die Ethik aus der gängigen philosophischen Reflexion herausgenommen und ihr zu einer eigenen philosophischen Disziplin verholfen.

Der Philosoph aus Königsberg hat mit seinem *kategorischen Imperativ* das begründet, was man durchgängig als Pflichtethik bezeichnet. Pflicht: Für uns heute ein Symbol für Einschränkung von Freiheit mit erhobenem Zeigefinger. Nicht so für Kant. In seiner ›Kritik der praktischen Vernunft‹ gerät er bei dem Wort Pflicht ins Schwärmen und bringt ihr voller Inbrunst eine Liebeserklärung dar:

Pflicht! du erhabener großer Name, der du ... Unterwerfung verlangst, doch auch nichts drohest, was natürliche Abneigung im Gemüte erregte und schreckte, um den Willen zu bewegen, ... vor dem alle Neigungen verstummen, wenn sie gleich in Geheim ihm entgegen wirken, welches ist der deiner würdige Ursprung, und wo findet man die Wurzel deiner edlen Abkunft, welche alle Verwandtschaft mit Neigungen stolz ausschlägt, und von welcher Wurzel abzustammen die unnachlaßliche Bedingung desjenigen Werts ist, den sich Menschen allein selbst geben können? (KpV A 154)

Trotz dieses schwülstigen Pathos muß man ganz klar festhalten, daß Kants Pflichtethik ein Modell ist, an dem noch heute kein ethischer Neuversuch vorbeisehen kann. Kants Ethik ist seit ihrer Entstehung in vielen Punkten kritisiert worden, aber in ihrer Gesamtheit ist sie bis heute nicht widerlegt.

Kants Ethik: Von ihr soll dieses Buch handeln.

Die Ethik Kants:
Eine Annäherung

Zu Beginn eine wahre Begebenheit aus Kants Leben:

»Kant hatte einmal in einem kühlen Sommer, in dem es wenig Insekten gab, eine Menge Schwalbennester wahrgenommen und einige junge Schwalben zerschmettert gefunden. Erstaunt über diesen Fall wiederholte er mit höchster Achtsamkeit seine Untersuchung und machte eine Entdeckung, wobei er anfangs seinen Augen nicht trauen wollte, nämlich daß die Schwalben selbst ihre Jungen aus den Nestern warfen. Voll Verwunderung über diesen verstandesähnlichen Naturtrieb, der die Schwalben lehrte, beim Mangel von Nahrung für alle Jungen, einige aufzuopfern, um die übrigen erhalten zu können, sagte dann Kant: »Da stand mein Verstand still, da war nichts dabei zu tun, als hinzufallen und anzubeten.« Dies sagte er aber auf eine unbeschreibliche und nicht nachzuahmende Art. Die hohe Andacht, die auf seinem ehrwürdigen Gesicht glühte, der Ton der Stimme, das Falten seiner Hände, der Enthusiasmus, der diese Worte begleitete, war einzig.«

Diese Begebenheit wurde erzählt von C.A.Ch. Wasianski. Dieser war Kants früherer wissenschaftlicher Assistent, später Diakon an der Tragheimer Kirche in Königsberg und die letzten zehn Jahre in Kants Leben mit der Leitung von dessen Hauswesen beauftragt. Von daher ist er ein zuverlässiger Zeitzeuge.

Was wir gelesen haben, ist sicher eine schöne Geschichte, aber für das Verständnis von Kants Anliegen nicht ganz ungefährlich. Die Gefahr besteht darin, Kants Hohelied an den Instinkt des Tieres so zu deuten, daß er ein ähnliches Verhalten auch für den Menschen fordere.

Wer aus dieser Geschichte herausliest, daß nach Kant der Mensch in Zeiten der Not zum Zwecke des Überlebens einige seiner Kinder opfern solle, wird Kant wahrscheinlich nicht verstehen.

Wer aus dieser Geschichte herausliest, daß der Mensch mit Hilfe seines Verstandes eine Vernunft-Regel für sittliches Verhalten aufstellen kann und soll, die für den Menschen genauso untrüglich und eindeutig ist wie der Instinkt beim Tier, der hat Kant schon jetzt halbwegs verstanden.

Um es gleich vorwegzunehmen: Kant war fest davon überzeugt, diese Vernunft-Regel gefunden zu haben. Aber das ist noch nicht alles. Er ist der Überzeugung, damit einen Schritt über unsere sinnlich wahrnehmbare Welt hinaus getan und etwas gefunden zu haben, was den Menschen befähigt, mit der Vernunft eindeutige sittliche Entscheidungen treffen zu können. Es ist das, was das menschliche Handeln so untrüglich leitet, wie der Instinkt das tierische Verhalten.

Das, was Kant gefunden hat, nennt er das *Sittengesetz*, das *praktische Gesetz* oder auch das *moralische Gesetz*. Wenn Kant es erwähnt, gerät er wieder einmal ins Schwärmen. Der sonst so nüchterne und trockene Philosoph aus Königsberg beschließt seine ›Kritik der praktischen Vernunft‹ mit dem wohl berühmtesten Satz all seiner Werke, der fast schon poetischen Charakter hat. Wir stellen dieses Zitat vom Schluß seiner Ethik an den Anfang unseres Buches, damit wir – mit Kants Begeisterung vor Augen – uns auf den Weg machen können, der zu dem Gesetz führt, von dem er so schwärmt und das er an anderer Stelle enthusiastisch mit dem Attribut der »feierlichen Majestät« versieht:

Zwei Dinge erfüllen das Gemüt mit immer neuer und zunehmender Bewunderung und Ehrfurcht, je öfter und anhaltender sich das Nachdenken damit beschäftigt: *Der bestirnte Himmel über mir, und das moralische Gesetz in mir.* (KpV 288)

Kants Ethik, das ist Kants Religion: dem moralischen Gesetz zu gehorchen. Diesem Gesetz wird alles untergeordnet; auch die christliche Religion muß sich hier beugen. Das ist nicht unwichtig, deshalb wollen wir diesem Thema ein kurzes Kapitel widmen.

Kant und die Religion

Kant hat sich nie für die Klärung der Frage interessiert, wie das im kategorischen Imperativ gefundene Sittengesetz mit dem Gott der Bibel vereinbar ist. Im Gegenteil: er wird feststellen, daß auch Gott dem Sittengesetz unterworfen ist. Dort, in der Moral, hat Gott die einzige Daseinsberechtigung. Auch der im Neuen Testament uns überlieferte Jesus muß sich hier fügen, wenn Kant sagt:

Selbst der Heilige des Evangelii muß zuvor mit unserem Ideal der sittlichen Vollkommenheit verglichen werden, ehe man ihn dafür erkennt ... (Gr.BA 29/408)

Auch die gängige Theologie kommt bei Kant nicht gut weg, steht sie doch in seinen Augen unter dem Verdacht, eine »Zauberlaterne von Hirngespenstern« zu sein (KpV A 244).

Für Kants Einstellung zur Religion haben wir ebenfalls einen verläßlichen Zeugen, L. Borowski, den einzigen evangelischen Erzbischof Preußens, einen der ersten Schüler Kants. Er entwarf 1792 eine Lebensskizze über Kant, die Kant persönlich prüfte und mit Randbemerkungen versah.

Borowski beklagt und bedauert in dieser Lebensskizze, daß für Kant
– die christliche Religion ein bloßes Staatsbedürfnis und eine zu duldende Anstalt um der Schwachen willen sei,
– die Bibel ein gutes Leitungsmittel der öffentlichen Volksunterweisung in der Landesreligion,
– Jesus bloß ein personifiziertes Ideal der Vollkommenheit

– und das Gebet zu Gott ein Fetischdienst und damit eine unwürdige Handlung sei.

Auch an Gottesdiensten soll Kant, außer in seiner Jugend, nicht teilgenommen haben, trotz der christlichen Erziehung durch seine von ihm sehr verehrte Mutter. Bei dem Fest-Gottesdienst, den die Universität anläßlich des Besuches von König Friedrich Wilhelm II. in Königsberg veranstaltete, ließ sich Kant – obwohl Rektor der Universität – entschuldigen.

Ausgerechnet mit diesem König sollte Kant in Konflikt geraten, und zwar wegen seiner 1793 erschienenen Schrift ›Die Religion innerhalb der Grenzen der bloßen Vernunft‹, wie wir im folgenden Kapitel noch sehen werden.

Ein Tag im Leben des Immanuel Kant
oder
Der liebenswerte Dilettantismus

(Dieses Kapitel ist identisch mit dem gleichnamigen Kapitel in ›Kant für Anfänger: Die Kritik der reinen Vernunft‹, dtv 4662)

Ein spannendes Leben hat der Mann wahrlich nicht geführt, den der deutsche Philosoph Karl Jaspers zu den drei größten Denkern unserer Erde zählt (neben Plato und Augustinus).

Eine gewisse Gleichförmigkeit kann man an seinem Tagesablauf nicht übersehen. Bevor wir aber den Professor Kant beobachten, wie er jahrein – jahraus seinen Tag gestaltet, blicken wir ein wenig auf sein Leben, das am 22. April 1724 in Königsberg begann und am 12. Februar 1804 in derselben Stadt endete. Es dauerte fast 80 Jahre. Seine letzten Worte waren, bevor er um 11 Uhr starb: »Es ist gut.«

Die Familie

Johann Georg Kant, ein armer Sattlermeister aus der Vorstadt, und seine Frau Regina Dorothea aus Nürnberg sind die Eltern. Sein eigentlicher Vorname ist Emanuel, von seiner Mutter wurde er liebevoll »Manelchen« genannt. Erst später ändert er ihn in Immanuel um, die Gründe dafür sind nicht bekannt. Er hat vier Schwestern und einen jüngeren Bruder. Er wird, obwohl selbst von schwacher Gesundheit, alle seine Geschwister, bis auf eine Schwester, überleben. Mit seinen Schwestern, wird verläßlich überliefert, spricht er 25 Jahre lang nicht, obwohl sie am selben Ort wohnen. Der jüngere Bruder wird während seines Studiums auch bei dem berühmten älteren Bruder in der Vorlesung sitzen. Als Prediger geht der jüngere Bruder nach dem Examen nach Kurland und wird nie mehr nach Königsberg zurückkehren.

Mit 13 Jahren verliert Kant seine Mutter, an der er sehr hing, mit 22 Jahren seinen Vater.

Die Ausbildung

Mit 6 Jahren wird er, ohne daß Schulpflicht besteht, in der Vorstädtischen Hospitalschule eingeschult. Im Alter zwischen 8 und 16 besucht er, mit finanzieller Unterstützung seines Onkels, eines wohlhabenden Schuhmachermeisters, die Schule, die in Königsberg den besten Ruf hatte, das strenge Collegium Fridericianum. An diese Zeit denkt er nicht gerne zurück. Während des Unterrichts wird Latein gesprochen.

Mit 16 geht er an die Königsberger Universität und studiert Mathematik, Rhetorik und Naturwissenschaft, bis er bei seiner geliebten Philosophie landet. Was die Theologie betrifft, besucht er nur eine Vorlesung, wahrscheinlich aus Höflichkeit gegenüber seinem frühen Förderer Friedrich Albert Schultz, der die Vorlesung hält.

Die Laufbahn

Sie fängt nicht gerade erfolgversprechend an. Im Todesjahr seines Vaters reicht er an der Universität seine Magisterschrift ein. Drei Jahre später erscheint sie als seine erste Veröffentlichung. Der Titel der Schrift lautet ›Gedanken von der wahren Schätzung der lebendigen Kräfte‹. Sie wird ein Reinfall und erntet nur Spott.

Der Dichter und Schriftsteller G. E. Lessing reimt die Spottverse:

> Kant unternimmt ein schwer Geschäfte,
> der Welt zum Unterricht,
> er schätzet die lebend'gen Kräfte,
> nur seine schätzt er nicht.

Im Alter zwischen 22 und 31 Jahren ist er Hauslehrer, zuerst in der Nähe von Insterburg, später bei einem Major von Hülsen im ostpreußischen Arnsdorf, Kreis Mohrungen, etwa 120 km südwestlich von Königsberg. Es ist die größte Entfernung von seiner Heimatstadt, die er zeit seines Lebens zurückgelegt haben wird.

Mit 31 promoviert er, im selben Jahr habilitiert er sich. Es beginnen seine Hungerjahre als Privatdozent. Trotz leiser Stimme und häufiger Versprecher beim Reden ist der Zulauf zu seinen Vorlesungen ungebrochen.

Zweimal bewirbt er sich um einen eigenen Lehrstuhl, ohne Erfolg. Mit 40 bekommt er – ein Wink von Friedrich dem Großen aus Berlin ist in der Tat erfolgt – den Lehrstuhl für Dichtkunst(!) angeboten. Kant als Dichter: diese Möglichkeit sprengt alle Vorstellungen! Er lehnt ab – und wird Hilfsbibliothekar. Die Universitäten von Erlangen und Jena wollen ihn als Professor haben. Kant lehnt wiederum ab und wartet, mit Erfolg. Mit 46 Jahren hat er es geschafft, er bekommt seinen Philosophie-Lehrstuhl in Königsberg und damit die ersehnte Lebensstellung.

Die Frauen

Um es gerade heraus zu sagen: Es gibt keine in Kants Intimleben. Im gesellschaftlichen Umkreis, meist bei Tischgesellschaften, dagegen wohl. Zweimal soll er angeblich zu lange mit einem Antrag gezögert haben. Eine Frau namens Luise Fritz sagte angeblich später einmal, Kant hätte sie einst geliebt. Er, 1,59 Meter groß, flache Brust, etwas verwachsen, wird ein Junggeselle bleiben für den Rest seines Lebens. Er richtet sich ein in einem »behaglichen Cölibat«, wie ein Zeitgenosse berichtet.

Aber er äußert sich zumindest darüber, was man bei der Wahl einer künftigen Gattin beachten sollte. Gegenüber seinen Freunden erteilte er des öfteren den Rat, sie möchten bei der Wahl ihrer zukünftigen Gattinnen ja lieber vernünftigen Gründen als einer leidenschaftlichen Neigung folgen. Er war der Meinung, bei dieser Wahl sollte man darauf achten, daß sie Hausfrau und Mutter sein sollte.

Als sinnliches Motiv läßt er nur eines gelten: Geld, und nicht Schönheit; Geld halte länger vor als alle Schönheit und Reize und trage zum Lebensglück sehr viel bei. Außerdem knüpfe Geld das Band der Ehe viel fester, weil der Wohlstand den Mann wenigstens mit liebenswürdiger Dankbarkeit gegenüber seiner Gattin erfülle, meint Kant.

Der Tagesablauf

Wie ein Mensch seinen Tag gestaltet, sagt mehr über ihn und sein Leben als sonst eine Information. Kant legt dem Tag ein eisernes Korsett an. Ob dies von strenger Selbstdisziplin oder von starrer Pedanterie zeugt, sei dahingestellt. Kants Tagesablauf sollte, ab der Mitte seines Lebens, über Jahrzehnte hinweg derselbe bleiben, ohne die kleinste Veränderung. Veränderungen oder Unterbrechungen dieser Tageseinteilung, die ihm aufgezwungen werden, sind ihm zutiefst zuwider und ärgern ihn maßlos.

Wir kennen Kants Tagesablauf bis ins letzte Detail und wollen ihn skizzieren:

4.55 Uhr:	Wecken durch den Diener Lampe mit den Worten: »Es ist Zeit!«
5.00 Uhr:	Aufstehen. Frühstück: keines, nur zwei Tassen schwacher Tee und eine Pfeife Tabak zur Anregung des Darmes. Erstes Arbeiten in Schlafrock, Pantoffeln und Nachtmütze, wahrscheinlich für die folgende Vorlesungstätigkeit.
7 – 9 Uhr:	Vorlesungstätigkeit, inzwischen in vollständiger Garderobe.
9 – 12.45 Uhr:	Hauptarbeitszeit für die Abfassung seiner Bücher, wieder im Hausmantel.
12.45 Uhr:	Umkleiden, Empfang der Tischgäste im Arbeitszimmer, wieder in vollständiger Garderobe.
13 – 16 Uhr:	Ausgedehntes Mittagessen im Speisezimmer mit geladenen Freunden, die einzige Mahlzeit am Tag. Lieblingsspeise: Kabeljau, stets eine Flasche Rotwein »Medoc«, manchmal auch Weißwein. Die Tafel wird eröffnet mit dem stereotypen »Nun, meine Herren!«
16 Uhr:	Kant geht spazieren, immer allein. Er nimmt, von einer Änderung abgesehen, immer den gleichen Weg. Die

Kant und seine Tischgenossen

	Königsberger Bürger, so wird gerne erzählt, stellen die Uhr nach ihm.
Abends:	Lesetätigkeit, »leichte« Lektüre, bevorzugt Reisebeschreibungen.
22 Uhr:	Strengste Bettruhe.

Die Werke

Es sind uns 69 Veröffentlichungen von Kant überliefert. Wir zählen nur die wichtigsten auf. Es sind u.a. die berühmten drei Kritiken, die für Kants Ethik bedeutsame Grundlegungsschrift, und die ihm beinahe zum Verhängnis werdende Religionsschrift.

| 1781 | Kritik der reinen Vernunft |
| 1785 | Grundlegung zur Metaphysik der Sitten |

1788	Kritik der praktischen Vernunft
1790	Kritik der Urteilskraft
1793	Die Religion innerhalb der Grenzen der bloßen Vernunft

Letztere Schrift brachte Kant auf Kollisionskurs mit dem preußischen Thron und ihm einen schweren Rüffel ein. Dahinter steckte der geistig stumpfe, aber frömmelnde Preußenkönig Friedrich Wilhelm II., Nachfolger und Neffe Friedrichs des Großen, der 1786 gestorben war. Kant wurde unter Androhung der Amtsenthebung vorgeworfen, seine Philosophie zur »Entstellung und Herabwürdigung« der Grundlehren der Heiligen Schrift mißbraucht zu haben. Dann wurden alle Dozenten der Universität einzeln zitiert. Sie mußten die Verpflichtung unterschreiben, keine Vorlesungen über Kants Religionsschriften zu halten.

Kant war über die Rüge aus Berlin eine Zeit lang erschüttert und fügte sich. Er spielte sogar mit dem Gedanken, Königsberg zu verlassen. Erst nach dem Tode des frömmelnden preußischen Monarchen 1797 entspannte sich die Situation wieder.

Teil 1

Ausrüstung für den Weg:
Die Grundgedanken der ›Kritik der reinen Vernunft‹

Es wäre zum besseren Verständnis dieses Buches für den Leser sicher von Vorteil, wenn der andere Band unserer ›Kant für Anfänger‹ vorausgesetzt werden könnte, der dessen größtes Werk, die ›Kritik der reinen Vernunft‹, zum Thema hatte.

Da dies aber nicht erwartet werden kann, wollen wir daher zunächst einige Grundgedanken aus Kants erster Kritik skizzieren, um für den Weg in das Gebiet der Moralphilosophie gut ausgerüstet zu sein. Dieses Gepäck soll keine Last sein, sondern eine Hilfe für ein besseres Verständnis des vorliegenden Buches.

Wer sich beim Lesen damit schwer tut, sollte dieses Kapitel überspringen und nicht gleich das ganze Buch zur Seite legen. Es ist immer noch besser, dieses Kapitel am Schluß nachzulesen, als gleich aufzugeben. Vielleicht schließt sich am Ende des Bandes manche Lücke.

Hier nun die Grundgedanken der ›Kritik der reinen Vernunft‹.

Die zentrale Frage Kants lautet: Wie ist menschliche Erkenntnis möglich? Die Frage zielt in erster Linie auf die Bedingungen, wie Erkenntnis möglich ist. Zuerst wird die Wahrnehmung durch unsere Sinne untersucht und dabei werden zwei Formen reiner sinnlicher Anschauung gefunden: Raum und Zeit. Ohne sie kann überhaupt keine Wahrnehmung stattfinden.

Mit den Formen Raum und Zeit werden alle Sinneseindrücke geordnet und danach vom Verstand zu Begriffen geformt. Mit dieser Tätigkeit des Verstandes ist es aber nicht getan. Bei der anschließenden Untersuchung des Denkens werden die Kategorien gefunden. Sie verbinden die Begriffe zu Urteilen und werden vom Verstand wie Stempel in die sinnlichen Wahrnehmungen hineingeprägt.

Wichtig nun ist das Eingeständnis: Unser Verstand kann nur die empirischen Dinge erkennen, denn in dieser Welt der Erscheinungen ist er sicher.

Damit haben wir bereits den zentralen Begriff zur Hand, der uns immer wieder in verschiedenen Bezeichnungen begegnen wird, aber stets dasselbe meint: Erscheinungswelt, Welt des *Phaenomenon*, Sinnenwelt, Sinneswelt oder *mundus sensibilis*.

Eigentlich hat hier der Verstand mit allen seinen Möglichkeiten seine Grenze erreicht.

Aber er gibt sich damit nicht zufrieden. Er schwingt sich auf, indem er sich zur schließenden Vernunft entfaltet, stößt zum Horizont vor und will unsere Welt der Erscheinungen überfliegen. Die Vernunft bewegt sich nun über dem Gebiet einer Welt, die jenseits aller Erfahrung liegt. Hier will sie nach dem Absoluten, dem Bedingungslosen, nach dem Wesen der Wirklichkeit an sich greifen. Aber sie muß feststellen, daß das Unbedingte zwar nicht erkannt werden kann, aber gedacht werden muß. Deshalb nennt Kant diese Welt des Dinges an sich die *noumenale* (= gedachte) oder *intelligible* Welt.

Das einzige, auf das die Vernunft während ihrer waghalsigen Reise vage stößt, sind bestimmte Annahmen, die – falls sie berechtigt sind – absoluten Charakter haben. Kant nennt sie *Ideen*, es sind ihrer drei:

a) Die Idee der Unsterblichkeit der Seele,
b) die Idee der Freiheit und
c) die Idee eines notwendigen Wesens: Gott.

Mit der Annahme dieser Ideen verwickelt die Vernunft sich aber in Widersprüche und gerät ins Trudeln.

So muß sie aufgeben und sich mit der Einsicht begnügen, daß die Ideen als Zeichen des Absoluten zwar nicht bewiesen werden können, daß auf sie aber auch nicht verzichtet werden kann.

Für die Ethik ist die wichtigste dieser unverzichtbaren Ideen zweifelsfrei die Idee der Freiheit. Wenn wir sie, obwohl unbeweisbar, als gegeben annehmen, unternehmen wir nach Kant den »ersten Schritt, den wir außer der Sinnenwelt tun«. (KrV B 594)

Kants Argumente für die Annahme von Freiheit lauten so:

Der Begriff der Freiheit, der im Gegensatz zur Natur steht, aber die Natur auch nicht ausschließt, ist der Begriff der Willensfreiheit. Kant begründet dies mit der Tatsache, daß es für den Menschen neben der Naturkausalität, die in der Welt der Erscheinungen herrscht, noch etwas anderes gibt, das in der Natur eben nicht vorkommt: ein ethisches Sollen, das in Imperativen seinen Ausdruck findet. Kant schreibt in der ›Kritik der reinen Vernunft‹:

Daß diese Vernunft nun Kausalität habe, wenigstens wir uns eine dergleichen an ihr vorstellen, ist aus den *Imperativen* klar, welche wir in allem Praktischen den ausübenden Kräften als Regeln aufgeben. Das *Sollen* drückt eine Art von Notwendigkeit und Verknüpfung mit Gründen aus, die in der ganzen Natur sonst nicht vorkommt. Der Verstand kann von dieser nur erkennen, *was da ist,* oder gewesen ist, oder sein wird. Es ist unmöglich, daß etwas darin anders *sein soll,* als es in allen diesen Zeitverhältnissen in der Tat ist, ja das Sollen, wenn man bloß den Lauf der Natur vor Augen hat, hat ganz und gar keine Bedeutung. Wir können gar nicht fragen: was in der Natur geschehen soll; eben so wenig, als: was für Eigenschaften ein

Zirkel haben soll, sondern was darin geschieht, oder welche Eigenschaften der letztere hat.

Dieses Sollen nun drückt eine mögliche Handlung aus, davon der Grund nichts anders, als ein bloßer Begriff ist; da hingegen von einer bloßen Naturhandlung der Grund jederzeit eine Erscheinung sein muß. Nun muß die Handlung allerdings unter Naturbedingungen möglich sein, wenn sie auf das Sollen gerichtet ist; aber diese Naturbedingungen betreffen nicht die Bestimmung der Willkür selbst, sondern nur die Wirkung und den Erfolg derselben in der Erscheinung. Es mögen noch so viele Naturgründe sein, die mich zum *Wollen* antreiben, noch so viele sinnliche Anreize, so können sie nicht das *Sollen* hervorbringen ... (KrV B 575 f.)

Die Kausalität in der Natur bleibt unangetastet, aber daneben kann etwas anderes gedacht werden, was beispielsweise eine Handlung spontan von selbst anfangen läßt; es ist die Freiheit (oder die für unsere Ohren seltsam klingende Wendung »Kausalität aus Freiheit«). Die Absicht Kants ist zu wichtig, um sie zu überlesen: Er will den Boden bereiten für die Möglichkeit von sittlichen Handlungen.

> *Grundsätzlich aber gilt: Freiheit kann nicht bewiesen werden. Ja, ich kann diese Freiheit noch nicht einmal an einer Handlung selbst ablesen.*

Das ist so wichtig, daß wir das Beispiel aus unserem anderen Kant-Buch wiederholen wollen:

Stellen wir uns folgendes vor: Ich errette einen Ertrinkenden vor dem Tode, indem ich ins Wasser springe und ihn herausziehe. Die Kausalität dieser Handlung (z.B. mein Grund, ins Wasser zu springen) kommt in der Natur als Gesetzlichkeit nicht vor.

Hier ist Vorsicht geboten: Die Lebensrettung des Ertrinkenden kommt natürlich in der Natur vor, *aber nicht die sittliche Notwendigkeit: Du sollst Leben retten!*

Daß ein solches Sollen der Natur und ihren Abläufen nicht widerstreitet, versteht sich von selbst. Kant nennt das Vermögen des Menschen, aus eigener Spontaneität und Willensfreiheit dieses Sollen umzusetzen, den »intelligiblen Charakter« des Menschen. Intelligibel (die Übersetzung des Lexikons mit »begreifbar« bringt uns nicht weiter) ist »dasjenige an einem Gegenstand der Sinne, was selbst nicht Erscheinung ist ...« (KrV B 566), oder anders ausgedrückt: was über den sinnlich wahrnehmbaren Naturablauf hinausgeht. In unserem Fall ist dies die nirgendwo in der Natur vorkommende Notwendigkeit zu helfen.

Wir müssen diesen zentralen Gedanken noch einmal unterstreichen:

Die Wirklichkeit der Freiheit kann nicht bewiesen werden, noch nicht einmal die Möglichkeit der Freiheit; worauf es ankommt, ist die Denkmöglichkeit, daß Freiheit und Natur sich nicht widersprechen.

Spätestens hier wird klar, daß in der gesamten Kritik der reinen Vernunft es die ethischen Motive sind, welche die treibenden Kräfte Kants sind. Ja, es ist sogar in manchen Werken zu lesen, daß die gesamte Kritik der reinen Vernunft nur zu einem einzigen Zweck geschrieben wurde: der Entfaltung seiner Moralphilosophie. Wir können dies getrost glauben; die weiteren Ausführungen Kants geben dieser Meinung recht.

Sichtung des Materials:
Kants ethische Schriften

Im Jahre 1770 erfüllt sich für Kant sein großer Lebenstraum: Er bekommt die lang ersehnte Professur in Königsberg angeboten. In den ersten zehn Jahren zwischen 1770 und 1780 denkt er nach. Er veröffentlicht kein einziges Buch. Nur seine Studenten hören von ihm.

In seinem Gehirn findet ein langwieriger, aber ungeheuer fruchtbarer Geburtsvorgang statt: Die große Kritik der reinen Vernunft wird geboren. Aber nicht nur sie entsteht in seinem Kopf, sondern es wird gleichzeitig das Fundament gelegt für ein ganzes Gedankengebäude: Es entsteht das, was als kritische Philosophie Kants in die Geschichte eingegangen ist.

Die ›Kritik der reinen Vernunft‹ brachte – nach einer längeren Anlaufzeit – eine gewaltige Veränderung des philosophischen Denkens mit sich, da zum ersten Mal die gesamte menschliche Erkenntnis einer grundlegenden Untersuchung und Prüfung (»Kritik«: griech. = Untersuchung/Prüfung) durch die Vernunft unterzogen wurde, und zwar ohne Zuhilfenahme der menschlichen Erfahrung.

Derselbe Anspruch wird aber nicht nur auf dem theoretischen Gebiet des Denkens erhoben, sondern jetzt auch auf dem praktischen Gebiet des menschlichen Handelns. Deshalb wird Kant seine ethische Hauptschrift später auch die ›Kritik der praktischen Vernunft‹ nennen.

Noch ist es aber nicht soweit. Er will für diesen Zweck als Vorbereitung eine Grundlage schaffen. Und so entsteht im Jahre 1785 eine kleine Schrift: die ›Grundlegung zur Metaphysik der Sitten‹, oder abgekürzt nur ›Grundlegung‹.

Der Titel klingt für den philosophischen Anfänger

etwas ungewohnt, muß er doch erst einmal den schwierigen Begriff *Metaphysik* in den Griff bekommen.

In unserem anderen Band ›Kant für Anfänger‹ (dtv 4662) wurde der Begriff bereits abgehandelt, deshalb hier nur eine verkürzte Erläuterung:

Metaphysik ist das, was »nach« (griech.: meta) der »Physik« (griech.: physis = die Natur) kommt. So ist Metaphysik das Hinausfragen über die Natur, das Hinterfragen der Natur bis zu den letzten Gründen der Wirklichkeit; sie fragt nach dem Grund dessen, was ist, und gegebenenfalls auch danach, welchen Sinn es hat, daß etwas ist.

Eine *Metaphysik der Sitten* ist somit nichts anderes als die philosophische Hinterfragung der Moral, oder noch einfacher: Moralphilosophie.

Die kleine ›Grundlegung‹ wurde vom Start weg ein Renner. Die 1. Auflage war so schnell vergriffen, daß Kant im darauffolgenden Jahr eine 2. Auflage folgen ließ, die sich allerdings nur geringfügig von der ersten unterscheidet.

1788 ist es dann soweit: die ›Kritik der praktischen Vernunft‹ wird geschrieben. War die ›Grundlegung‹ nur etwa 100 Seiten stark, so ist das neue Buch mit knapp 200 Seiten doppelt so dick. Der Unterschied zwischen beiden Werken ist minimal: Die ›Grundlegung‹ wird in der ›Kritik der praktischen Vernunft‹ teilweise wiederholt, teilweise wird sie ergänzt.

Sehen wir von zwei weiteren kleineren Schriften mit moralphilosophischem Inhalt ab, stoßen wir am Ende von Kants Schaffen noch auf ein großes ethisches Werk: die schon lange angekündigte ›Metaphysik der Sitten‹ (nicht zu verwechseln mit der ›Grundlegung zur Metaphysik der Sitten‹!), die vorletzte Schrift seines Lebens. Hier holt der alte Kant im Jahre 1797 noch einmal zu einem ethischen Entwurf aus und präsentiert der Welt eine zweigegliederte Zusammenfassung seiner Moralphilosophie, die er ›Rechtslehre‹ und ›Tugendlehre‹ nennt.

Auf dieses Spätwerk Kants wollen wir erst am Schluß im Kapitel ›Nachschlag für Fortgeschrittene‹ ein wenig eingehen. Für den philosophischen Anfänger ist es ungeeignet.

Eine kurze Gebrauchsanweisung ...

... zur Lektüre unseres Buches. Beim Zitieren wichtiger Textpassagen beschränken wir uns auf die wichtigsten ethischen Schriften Kants, die ›Grundlegung zur Metaphysik der Sitten‹ und die ›Kritik der praktischen Vernunft‹. Dabei gilt unsere Sympathie, es sei hiermit zugegeben, eindeutig der ›Grundlegung‹: Sie ist lebhafter geschrieben, sie ist spannender, sie bietet mehr Beispiele und – sie ist kürzer.

Natürlich soll auch die Hoffnung ausgedrückt werden, daß der Leser sich nicht zufrieden gibt mit dem Lesen der zitierten Texte. Unser Buch soll zum Lesen des Originaltextes anreizen. Deshalb zitieren wir zum besseren Auffinden der betreffenden Passagen nicht nach der Seitenzahl der jeweils auf dem Markt angebotenen Ausgabe, sondern nach der Original-Ausgabe. Die Fundstelle des genauen Wortlautes des kategorischen Imperativs beispielsweise wird also nicht als Seite 140 in der Weischedel-Ausgabe zitiert, sondern als KpV A 54. Wer einen Blick auf seine Ausgabe wirft, wird die Stelle finden.

Die preiswerte Reclam-Ausgabe der ›Grundlegung zur Metaphysik der Sitten‹ zitiert nach der Akademie-Ausgabe. Deshalb werden wir die Zitate aus der ›Grundlegung‹ doppelt belegen.

Gr.BA 27 = 407 bedeutet demnach: Das Zitat steht in der Original-Ausgabe B (= 2. Auflage) und Original-Ausgabe A (= 1. Auflage) auf der Seite 27, während es bei der Akademie-Ausgabe (z.B. Reclam) auf Seite 407 zu finden ist.

Nach diesen technischen Hinweisen sollten wir eigentlich gerüstet sein für den interessantesten ethischen Entwurf, den der menschliche Geist in den letzten beiden Jahrtausenden hervorgebracht hat.

Teil 2

Auf dem Weg zum obersten Moralprinzip:
Das Programm der praktischen Vernunft

Wir betreten den Boden von Kants Moralphilosophie, und die Zeit ist gekommen, daß wir uns zutrauen, mit der Lektüre zu beginnen. Wir beginnen dort, wo Kant das Verhältnis zwischen ›Kritik der reinen Vernunft‹ und ›Kritik der praktischen Vernunft‹ thematisiert, indem er auf den theoretischen Gebrauch und den praktischen Gebrauch der Vernunft eingeht. Kant soll nun selbst zu Wort kommen:

Einleitung
Von der Idee einer Kritik der praktischen Vernunft

Der theoretische Gebrauch der Vernunft beschäftigte sich mit Gegenständen des bloßen Erkenntnisvermögens, und eine Kritik derselben, in Absicht auf diesen Gebrauch, betraf eigentlich nur das *reine* Erkenntnisvermögen, weil dieses Verdacht erregt, der sich auch hernach bestätigte, daß es sich leichtlich über seine Grenzen, unter unerreichbare Gegenstände, oder gar einander widerstreitende Begriffe, verlöre. Mit dem praktischen Gebrauche der Vernunft verhält es sich schon anders. In diesem beschäftigt sich die Vernunft mit Bestimmungsgründen des Willens, welcher ein Vermögen ist, den Vorstellungen entsprechende Gegenstände entweder hervorzubringen, oder doch sich selbst zu Bewirkung derselben (das physische Vermögen mag nun hinreichend sein, oder nicht), d.i. seine Kausalität zu bestimmen. Denn da kann wenigstens die Vernunft zur Willensbestimmung zulangen, und hat so fern immer objektive Realität, als es nur auf das Wollen ankommt. Hier ist also die erste Frage: ob reine Vernunft zur Bestimmung des Willens für sich allein zulange, oder ob sie nur als empirisch-bedingte ein Bestimmungsgrund derselben sein könne. (KpV A 29 f.)

Was hier steht, können wir leicht verstehen. Kants erste Kritik bezieht sich auf das *reine* Erkenntnisvermögen des Menschen. Das Prädikat »rein« bekommt die Erkenntnis nur dann verliehen, wenn auf jegliche empirische Bedingung (Empirie = Erfahrung) verzichtet wird. Trotz dieser »Reinigung« läuft das menschliche Erkenntnisvermögen natürlich Gefahr, sich dort zu verlieren, wo es sich über bestimmte Grenzen hinauswagt. Dies ist der bestätigte Verdacht, von dem Kant redet.

Anders jedoch ist es mit der praktischen Vernunft: Sie interessiert sich dafür, mittels der Vernunft den Willen zu bestimmen. Mit diesem Gedanken sind wir schon hart am Pulsschlag von Kants Ethik angelangt: Kann der Wille, der »Gegenstände« (gemeint sind hier Handlungen) hervorbringen bzw. Kausalität in unsere Handlungen hineinlegen kann, dabei durch die Vernunft bestimmt werden, *ohne daß irgendeine Erfahrung im Spiele ist?*

Natürlich weiß auch Kant, daß die Erfahrung es ist, die von Kindheit an den Willen des Menschen bestimmt. Dies ist die Natur des Menschen.

Kant wirft nun dieser Natur eine Anmaßung vor. Diesen Vorwurf wollen wir im Wortlaut zitieren:

Die Kritik der praktischen Vernunft überhaupt hat also die Obliegenheit, die empirisch bedingte Vernunft von der Anmaßung abzuhalten, ausschließungsweise den Bestimmungsgrund des Willens allein abgeben zu wollen. (KpV A 31)

Neben dieser »Natur« wird es noch etwas anderes geben müssen, wenn der Mensch nicht nur Teil der Natur bleiben will, wie ein Tier beispielsweise: es ist die Idee der Freiheit.

In eine ähnliche Richtung geht Kants Argumentation in seiner Vorrede zur ›Grundlegung zur Metaphysik der Sitten‹. Auch hier soll die Natur des Menschen als Grund für ein moralisches Gesetz ausgeschaltet werden, aber mit dem Unterschied, daß als Ziel der Argumente noch nicht der Gedanke der menschlichen Freiheit in das Blickfeld treten soll, sondern ein oberstes Prinzip für eine »reine Moralphilosophie«.

… so frage ich hier doch nur, ob nicht die Natur der Wissenschaft es erfordere, den empirischen von dem rationalen Teil jederzeit sorgfältig abzusondern, und vor der eigentlichen (empirischen) Physik eine Metaphysik der Natur, vor der praktischen Anthropologie aber eine Metaphysik der Sitten voranzuschicken, die von allem Empirischen sorgfältig gesäubert sein müßte, um zu wissen, wie viel reine Vernunft in beiden Fällen leisten könne, und aus welchen Quellen sie selbst diese ihre Belehrung a priori schöpfe, es mag übrigens das letztere Geschäfte von allen Sittenlehrern (deren Name Legion heißt), oder nur von einigen, die Beruf dazu fühlen, getrieben werden.

Da meine Absicht hier eigentlich auf die sittliche Weltweisheit gerichtet ist, so schränke ich die vorgelegte Frage nur darauf ein: ob man nicht meine, daß es von der äußersten Notwendigkeit sei, einmal eine reine Moralphilosophie zu bearbeiten, die von allem, was nur empirisch sein mag und zur Anthropologie gehört, völlig gesäubert wäre; denn, daß es eine solche geben müsse, leuchtet von selbst aus der gemeinen Idee der Pflicht und der sittlichen Gesetze ein. Jedermann muß eingestehen, daß ein Gesetz, wenn es moralisch, d.i. als Grund einer Verbindlichkeit, gelten soll, absolute Notwendigkeit bei sich führen müsse; daß das Gebot: du sollst nicht lügen, nicht etwa bloß für Menschen gelte, andere vernünftige Wesen sich aber nicht daran zu kehren hätten, ... daß mithin der Grund der Verbindlichkeit hier nicht in der Natur des Menschen, oder den Umständen in der Welt, darin er gesetzt ist, gesucht werden müsse, sondern a priori lediglich in Begriffen der reinen Vernunft, und daß jede andere Vorschrift, die sich auf Prinzipien der bloßen Erfahrung gründet, und sogar eine in gewissem Betracht allgemeine Vorschrift, so fern sie sich dem mindesten Teile, vielleicht nur einem Bewegungsgrunde nach, auf empirische Gründe stützt, zwar eine praktische Regel, niemals aber ein moralisches Gesetz heißen kann. (Gr.BA VII f. = 388 f.)

Es ist nicht schwer, Kants Gedankengang nachzuvollziehen: Genauso, wie es in der Physik möglich sein sollte, neben dem üblichen empirischen Teil auch einen rationalen, nicht-experimentellen Teil zu sehen, müßte es auch möglich sein, bei der Betrachtung menschlichen Verhaltens neben einem empirischen Bereich (Kant nennt ihn praktische Anthropologie) auch einen reinen, nicht-empirischen Bereich zu sehen (Kant nennt ihn Metaphysik der Sitten).

Sollte man in diesem Bereich ein moralisches Gesetz mit absoluter Verbindlichkeit finden, muß es, um absolut zu gelten, *mit der reinen Vernunft begründet werden, und nicht mit meiner Erfahrung, nicht mit der Natur des Menschen und nicht mit Umständen unserer Welt!*

Ein Beispiel soll dies verdeutlichen: Begründe ich meine Ehrlichkeit im Umgang mit anderen Menschen damit, daß ich gute Erfahrungen dabei gemacht habe, dann gerät mein Prinzip der Ehrlichkeit ins Wanken, sollten einmal andere Umstände gegenteilige Erfahrungen hervorbringen.

Ehrlichkeit wäre dann eine praktische Regel, wie

Kant es ausdrückt, die man ändern kann, und nicht ein oberstes Prinzip der Moralität.

Ein solches oberstes Prinzip zu finden, macht Kant zu seinem Programm, wenn er sagt:

Gegenwärtige Grundlegung ist aber nichts mehr, als die Aufsuchung und Festsetzung des *obersten Prinzips der Moralität,* welche allein ein ... ganzes und von aller anderen sittlichen Untersuchung abzusonderndes Geschäfte ausmacht. (Gr.BA XV = 392)

Ohne diese Auffindung sieht es schlecht aus, meint Kant. Warum sie außerdem so wichtig ist, sagt er auch:

Eine Metaphysik der Sitten ist also unentbehrlich, nicht bloß aus einem Bewegungsgrunde der Spekulation, um die Quelle der a priori in unserer Vernunft liegenden praktischen Grundsätze zu erforschen, sondern weil die Sitten selber allerlei Verderbnis unterworfen bleiben, so lange jener Leitfaden und oberste Norm ihrer richtigen Beurteilung fehlt. (Gr.BA X = 390)

Mit dieser Programmangabe ist die Richtung auf dem Weg eingeschlagen, der schließlich zum kategorischen Imperativ führen wird.

Auf diesem Weg macht Kant noch zwei wichtige Stationen. Sie sind unerläßlich für ein Verständnis des kategorischen Imperativs.

Die erste Station:
Der gute Wille

Den wohl am häufigsten zitierten Text in Kants Ethik finden wir am gleich zu Beginn der ›Grundlegung‹. Ohne große Umschweife sagt Kant, was Sache ist.

Erster Abschnitt
Übergang
Von der gemeinen sittlichen Vernunfterkenntnis
zur philosophischen

Es ist überall nichts in der Welt, ja überhaupt auch außer derselben zu denken möglich, was ohne Einschränkung für gut könnte gehalten werden, als allein ein *guter Wille*. Verstand, Witz, Urteilskraft, und wie die *Talente* des Geistes sonst heißen mögen, oder Mut, Entschlossenheit, Beharrlichkeit im Vorsatze, als Eigenschaften des *Temperaments,* sind ohne Zweifel in mancher Absicht gut und wünschenswert; aber sie können auch äußerst böse und schädlich werden, wenn der Wille, der von diesen Naturgaben Gebrauch machen soll und dessen eigentümliche Beschaffenheit darum *Charakter* heißt, nicht gut ist. Mit den *Glücksgaben* ist es eben so bewandt. Macht, Reichtum, Ehre, selbst Gesundheit, und das ganze Wohlbefinden und Zufriedenheit mit seinem Zustande, unter dem Namen der *Glückseligkeit,* machen Mut und hiedurch öfters auch Übermut, wo nicht ein guter Wille da ist, der den Einfluß derselben aufs Gemüt, und hiemit auch das ganze Prinzip zu handeln, berichtige und allgemeinzweckmäßig mache; ohne zu erwähnen, daß ein vernünftiger unparteiischer Zuschauer sogar am Anblicke eines ununterbrochenen Wohlergehens eines Wesens, das kein Zug eines reinen und guten Willens zieret, nimmermehr ein Wohlgefallen haben kann, und so der gute Wille die unerlaßliche Bedingung selbst der Würdigkeit, glücklich zu sein, auszumachen scheint. (Gr.BA 1 f. = 393)

Warum sind eigentlich bestimmte menschliche Eigenschaften, unabhängig von Kants unwichtiger Unterscheidung in Talente des Geistes, Charakter oder Glücksgaben, nicht von Haus aus gut? Die Antwort darauf liegt auf der Hand.

Der *Verstand* ist natürlich etwas Erstrebenswertes, mag man einwenden; aber ob er an sich gut ist, muß man spätestens dann bezweifeln, wenn man daran denkt, daß der Mörder einen messerscharfen Verstand benötigt, um einen perfekten Mord zu planen.

Jeder weiß, daß *Witz* und Humor nicht nur zur geselligen Erheiterung beitragen können, sondern daß sie auch imstande sind, mit einer negativen Grundeinstellung den anderen Menschen bloßzustellen oder fertigzumachen.

Ebenso verhält es sich mit Mut, Entschlossenheit und Beharrlichkeit: als Markenzeichen des Kriminalinspektors sind sie gut, als Eigenschaften des eiskalten Bankräubers nicht unbedingt. Hier können sie »äußerst böse und schädlich werden, wenn der Wille ... nicht gut ist«, meint Kant zu Recht.

Daß *Macht, Reichtum und Ehre* nicht an sich gut sind, leuchtet ein; aber es wird selbst die *Gesundheit* als etwas nicht unbedingt Gutes genannt. Die Erläuterung dafür fällt schon etwas schwerer, aber es ist durchaus vorstellbar, daß der vor Gesundheit strotzende Mensch in der Lage ist, sich in selbstherrlicher Selbstsicherheit über den Kranken oder Behinderten zu erheben.

So gibt es nun nichts, was ohne Einschränkung für gut erklärt werden kann, außer dem guten Willen, bekräftigt Kant noch einmal, indem er auch die Eigenschaften Mäßigung, Leidenschaften, Selbstbeherrschung und nüchterne Überlegung anführt und von ihnen sagt:

Denn ohne Grundsätze eines guten Willens können sie höchst böse werden, und das kalte Blut eines Bösewichts macht ihn nicht allein weit gefährlicher, sondern auch unmittelbar in unsern Augen noch verabscheuungswürdiger, als er ohne dieses dafür würde gehalten werden. (Gr.BA 2 f. = 394)

Die entscheidende Frage wird nun lauten müssen: Wann ist denn ein guter Wille gut? Die beim Lesen ins Auge springende Antwort Kants »Der gute Wille ist allein durch das Wollen gut« klingt zuerst einmal banal. Aber ganz so einfach macht es sich Kant doch nicht:

Der gute Wille ist nicht durch das, was er bewirkt, oder ausrichtet, nicht durch seine Tauglichkeit zu Erreichung irgend eines vorgesetzten Zweckes, sondern allein durch das Wollen, d.i. an sich, gut, und, für sich selbst betrachtet, ohne Vergleich weit höher zu schätzen, als alles, was durch ihn zu Gunsten irgend einer Neigung, ja, wenn man will, der Summe aller Neigungen, nur immer zu Stande gebracht werden könnte. Wenn gleich durch eine besondere Ungunst des Schicksals, oder durch kärgliche Ausstattung einer stiefmütterlichen Natur, es diesem Willen gänzlich an Vermögen fehlete, seine Absicht durchzusetzen; wenn bei seiner größten Bestrebung dennoch nichts von ihm ausgerichtet würde, und nur der gute Wille (freilich nicht etwa ein bloßer Wunsch, sondern als die Aufbietung aller Mittel, so weit sie in unserer Gewalt sind) übrig bliebe: so würde er wie ein Juwel doch für sich selbst glänzen, als etwas, das seinen vollen Wert in sich selbst hat. Die Nützlichkeit oder Fruchtlosigkeit kann diesem Werte weder etwas zusetzen, noch abnehmen. Sie würde gleichsam nur die Einfassung sein, um ihn im gemeinen Verkehr besser handhaben zu können, oder die Aufmerksamkeit derer, die noch nicht gnug Kenner sind, auf sich zu ziehen, nicht aber, um ihn Kennern zu empfehlen, und seinen Wert zu bestimmen. (Gr.BA 3 = 394)

Wir sehen, mit der Antwort auf die Frage: Wann ist ein guter Wille gut? müssen wir noch warten. Wir erfahren nur, wodurch er *nicht* gut wird: durch seine Tauglichkeit zur Erreichung eines wie auch immer wertvollen Zweckes. Damit bricht Kant mit der Jahrhunderte langen Tradition, in der Sittlichkeit dadurch bestimmt ist, daß irgendein als sittlich wertvoll erachtetes Gut oder Zweck (z.B. Tapferkeit, Enthaltsamkeit, Glück ...) als oberstes Ziel erstrebt werden soll.

Ja, Kant geht sogar noch einen Schritt weiter: Selbst wenn der gute Wille unter widrigen Umständen (»kärgliche Ausstattung einer stiefmütterlichen Natur«) überhaupt nichts hervorbrächte, würde dieser gute Wille, wenn er ein bißchen mehr ist als ein bloßes Wunschdenken, wie ein glänzendes Juwel dastehen. Etwaige Zwecke oder faktisch erreichte Nutzen wären lediglich die Einfassung oder Halterung, mit der das Kleinod des guten Willens am Finger befestigt werden kann.

Die zweite Station:
Die Pflicht

Jetzt erst, mit diesem zweiten Schritt auf dem Weg zum kategorischen Imperativ, erfahren wir, wann ein guter Wille wirklich gut ist: *Wenn er allein durch die Pflicht bestimmt wird.*

Kant erklärt dies und spart dabei nicht an Beispielen.

Um aber den Begriff eines an sich selbst hochzuschätzenden und ohne weitere Absicht guten Willens, so wie er schon dem natürlichen gesunden Verstande beiwohnet und nicht so wohl gelehret als vielmehr nur aufgeklärt zu werden bedarf, diesen Begriff, der in der Schätzung des ganzen Werts unserer Handlungen immer obenan steht und die Bedingung alles übrigen ausmacht, zu entwickeln: wollen wir den Begriff der Pflicht vor uns nehmen, der den eines guten Willens, obzwar unter gewissen subjektiven Einschränkungen und Hindernissen, enthält, die aber doch, weit gefehlt, daß sie ihn verstecken und unkenntlich machen sollten, ihn vielmehr durch Abstechung heben und desto heller hervorscheinen lassen.

Ich übergehe hier alle Handlungen, die schon als pflichtwidrig erkannt werden, ob sie gleich in dieser oder jener Absicht nützlich sein mögen; denn bei denen ist gar nicht einmal die Frage, ob sie *aus Pflicht* geschehen sein mögen, da sie dieser sogar widerstreiten. Ich setze auch die Handlungen bei Seite, die würklich pflichtmäßig sind, zu denen aber Menschen unmittelbar *keine Neigung* haben, sie aber dennoch ausüben, weil sie durch eine andere Neigung dazu getrieben werden. Denn da läßt sich leicht unterscheiden, ob die pflichtmäßige Handlung *aus Pflicht* oder aus selbstsüchtiger Absicht geschehen sei. Weit schwerer ist dieser Unterschied zu bemerken, wo die Handlung pflichtmäßig ist und das Subjekt noch überdem *unmittelbare* Neigung zu ihr hat. Z.B. es ist allerdings pflichtmäßig, daß der Krämer seinen unerfahrenen Käufer nicht übertaure, und, wo viel Verkehr ist, tut dieses auch der kluge Kaufmann nicht, sondern hält einen festgesetzten allgemeinen Preis für jedermann, so daß ein Kind eben so gut bei ihm kauft, als jeder anderer. Man wird also *ehrlich* bedient; allein das ist lange nicht genug, um deswegen zu glauben, der Kaufmann habe aus Pflicht und Grundsätzen der Ehrlichkeit so verfahren; sein Vorteil erforderte es; daß er aber überdem noch eine unmittelbare Neigung zu den Käufern haben sollte, um gleichsam aus Liebe keinem vor dem andern im Preise den Vorzug zu geben, läßt sich hier nicht annehmen. Also war die Handlung weder aus Pflicht, noch aus unmittelbarer Neigung, sondern bloß in eigennütziger Absicht geschehen. (Gr.BA 8f. = 397)

Die Handlungen, die eindeutig pflichtwidrig sind oder die ohne unmittelbare Neigung aufgrund einer anderen Neigung ausgeführt werden, interessieren Kant hier nicht. Uns auch nicht. Wichtig aber wird jetzt in diesem Zusammenhang ein Begriffspaar, das man auf das schärfste unterscheiden muß:
– das Adjektiv *pflichtmäßig* (wir würden heute sagen: pflichtgemäß), und
– der Ausdruck *aus Pflicht*.

1. Die pflichtmäßige Handlung

Kants Beispiel vom Krämer eignet sich vorzüglich zur Erläuterung der Unterscheidung zwischen *pflichtmäßig* und *aus Pflicht*.
Ein Kaufmann berechnet die Preise für seine Ware und entschließt sich, ehrlich zu sein. Er will seine Kunden, ob sie nun unerfahren sind oder ob es sich um Kinder handelt, nicht übers Ohr hauen. Eine solche Handlung geschieht noch lange nicht *aus Pflicht*,

behauptet Kant, sie ist *pflichtmäßig* und äußerlich nicht von derselben Handlung aus ehrlichen Grundsätzen heraus zu unterscheiden.

Warum? Weil es sein kann, daß er aus einem Vorteilsdenken heraus ehrlich ist, damit ihm die Kunden nicht davonlaufen. In diesem Fall geschieht seine Handlung nicht aus Pflicht, sondern ist nur *pflichtmäßig* und geschieht in Wahrheit aus eigennütziger Absicht.

Es werden noch mehrere Beispiele für eine Pflichtgemäßheit, die keinen sittlichen Wert haben, angeführt:

Wohltätig sein, wo man kann, ist Pflicht, und überdem gibt es manche so teilnehmend gestimmte Seelen, daß sie, auch ohne einen andern Bewegungsgrund der Eitelkeit, oder des Eigennutzes, ein inneres Vergnügen daran finden, Freude um sich zu verbreiten, und die sich an der Zufriedenheit anderer, so fern sie ihr Werk ist, ergötzen können. Aber ich behaupte, daß in solchem Falle dergleichen Handlung, so pflichtmäßig, so liebenswürdig sie auch ist, dennoch keinen wahren sittlichen Wert habe, sondern mit andern Neigungen zu gleichen Paaren gehe, z.E. [= z.B.] der Neigung nach Ehre, die, wenn sie glücklicherweise auf das trifft, was in der Tat gemeinnützig und pflichtmäßig, mithin ehrenwert ist, Lob und Aufmunterung, aber nicht Hochschätzung verdient; denn der Maxime fehlt der sittliche Gehalt, nämlich solche Handlungen nicht aus Neigung, sondern aus Pflicht zu tun. (Gr.BA 10 = 398)

Diese Beispiele bedürfen keiner Erläuterung, sie sprechen für sich. Kant krönt die Reihe seiner Beispiele gleich im Anschluß an die eben zitierte Textstelle noch mit einem Bild, das fast schon einer Karikatur gleichkommt, ohne daß er es merkt.

Kant zeichnet das Bild von einem sauertöpfischen

Menschen; dessen Gemüt ist »vom eigenen Gram umwölkt«, seine Teilnahme am Schicksal anderer ist völlig ausgelöscht, keine fremde Not rührt ihn an, die eigene erdrückt ihn schier. Da reißt er sich aus seiner »tödlichen Unempfindlichkeit« heraus, hilft »ohne alle Neigung«, allein aus Pflicht: Jetzt erst bekommt seine Handlung von Kant das Prädikat »echter moralischer Wert« zugebilligt, und der Person wird zu guter Letzt bescheinigt, wahrlich nicht der Natur schlechtestes Produkt zu sein (Gr.BA 11 = 398).

Vielleicht war es diese Stelle, die einen großen deutschen Dichter verleitet hat, trotz seiner großen Verehrung für Kant die berühmt gewordenen Spottverse auf die schroffe Ablehnung jeglicher Neigung zu dichten:

> Gerne dien ich den Freunden,
> doch tu ich es leider mit Neigung,
> und so wurmt es mich oft,
> daß ich nicht tugendhaft bin.
>
> Da ist kein andrer Rat,
> du mußt suchen sie zu verachten,
> und mit Abscheu alsdann tun,
> wie die Pflicht dir gebeut.

Es ist Friedrich Schiller, von dem diese Verse stammen. Ob er allerdings Kants Anliegen in seiner Gänze verstanden hat, bleibt dahingestellt.

2. Die Handlung aus Pflicht

Was Kant über den guten Willen sagte, daß er gut sei nicht durch das, was er bewirkt, gilt auch für die

Handlung *aus Pflicht*. Aber hier geht Kant noch einen Schritt weiter.

Der zweite Satz ist: eine Handlung aus Pflicht hat ihren moralischen Wert *nicht in der Absicht,* welche dadurch erreicht werden soll, *sondern in der Maxime, nach der sie beschlossen wird,* hängt also nicht von der Wirklichkeit des Gegenstandes der Handlung ab, sondern bloß von dem Prinzip des Wollens, nach welchem die Handlung, unangesehen aller Gegenstände des Begehrungsvermögens, geschehen ist. Daß die Absichten, die wir bei Handlungen haben mögen, und ihre Wirkungen, als Zwecke und Triebfedern des Willens, den Handlungen keinen unbedingten und moralischen Wert erteilen können, ist aus dem Vorigen klar. Worin kann also dieser Wert liegen, wenn er nicht im Willen, in Beziehung auf dessen verhoffte Wirkung, bestehen soll? Er kann nirgend anders liegen, *als im Prinzip des Willens,* unangesehen der Zwecke, die durch solche Handlung bewirkt werden können; denn der Wille ist mitten inne zwischen seinem Prinzip a priori, welches formell ist, und zwischen seiner Triebfeder a posteriori, welche materiell ist, gleichsam auf einem Scheidewege, und, da er doch irgend wodurch muß bestimmt werden, so wird er durch das formelle Prinzip des Wollens überhaupt bestimmt werden müssen, wenn eine Handlung aus Pflicht geschieht, da ihm alles materielle Prinzip entzogen worden. (Gr.BA 13 f. = 400)

Bestimmte Absichten, Zwecke, Handlungen und Objekte meines Begehrens sagen nichts über den moralischen Wert meiner Handlung aus. Der moralische Wert liegt allein in der *Maxime* meines Handelns, stellt Kant lapidar fest.

Hier machen wir zum ersten Mal Bekanntschaft mit einem Begriff, ohne den wir völlig hilflos sind, wenn wir ihn nicht verstehen.

Wir wollen ihn, da er allzu wichtig ist, in zwei Anläufen angehen und ihm eine eigene Überschrift widmen.

3. Die Maxime

Das Wort Maxime ist abgeleitet vom lateinischen Begriff *maximae propositiones* (höchste Aussagen) und wurde geprägt von dem Philosophen des ausgehenden Heidentums, *Boethius* (480-525 n.Chr.).

Was er bei Kant bedeutet, sagt uns Kant selbst: Es ist ein Prinzip des Wollens. Beim ersten Lesen des eben zitierten Abschnittes kann man den Eindruck haben, eine Maxime sei ein »Prinzip des Willens, unangesehen der Zwecke, die durch solche Handlungen bewirkt werden können«. Das stimmt nicht ganz, hier ist Kant etwas zu schnell. Er meint an dieser Stelle die bereits moralisch wertvolle Maxime, die schon der Handlung aus Pflicht nach der Reinigung von allen konkreten Absichten zugrunde liegt.

In einer Anmerkung zu Gr.BA 15 = 400 definiert er Maxime als »subjektives Prinzip des Wollens«; wir tun uns etwas leichter, wenn wir uns an die Anmerkung zu Gr.BA 51 = 421 halten, wo Kant Maxime als »subjektives Prinzip zu handeln« definiert.

Die Erklärung der Maxime am Anfang der ›Kritik der praktischen Vernunft‹ im § 1 (KpV A 35) geht etwas unbarmherzig mit dem philosophischen Anfänger um. Aus diesem Grund wollen wir uns in der Sekundärliteratur umsehen und die Ergebnisse der Untersuchungen, was eine Maxime sei, verkürzt zusammentragen.

So überfliegen wir die Forschungsergebnisse von vier Kant-Interpreten und picken uns die Stellen, die von Maximen handeln, heraus.

a. Eine Maxime ist eine Regel, nach der jemand handelt oder beabsichtigt, nach ihr zu handeln: eine Art Lebensentwurf, eine »philosophy of life« (T. C. Williams). Beispiel: *Ich habe die Maxime, bei jeder Gelegenheit ein Maximum an Profit zu machen.*

b. Eine Maxime ist mehr als eine Willenserklärung und weniger als eine Tatsachenbeschreibung (R. Bubner). Wenn darin ein Wenn-Dann-Zusammenhang enthalten ist *(Wenn der Morgen jung ist, dann stehe ich auf)*, enthält der Wenn-Satz mehr Objektivität als der Dann-Satz. Die Maxime hat keine unerbittliche Strenge, ich kann gegen sie verstoßen. Ja, ich kann sie sogar aufgeben. Sie hat keine absolute Geltung. *Sie ist eine faktische Handlungsregel.*

c. Maximen hat man nicht von Haus aus, man setzt sie. Beispiel: *Ich will keine Beleidigung ungerächt erdulden.* (KpV A 36) Auch kann die Maxime mehrere praktische Regeln unter sich haben, je nach den Umständen (R. Bittner).

d. Wir müssen annehmen, daß es noch eine weitere Art von Maximen gibt, die Kant nicht nennt, weil sie sittlich vollkommen irrelevant ist: die Maxime, die keinen Anspruch auf Verobjektivierung erhebt und sich auf die reinste Subjektivität beschränkt (O. Höffe). Beispiel: *Wenn ich morgens aufstehe, singe ich ein Lied, oder ich binde mir zuerst den rechten Schuh zu.*

Dieses banale Beispiel soll zumindest zeigen, daß hinter einer Maxime ein klein wenig mehr steckt als ein Tagesritual.

Anhand von diesen knapp zusammengefaßten Ergebnissen wollen wir dem Leser, der die Maximen-Definition Kants (»subjektives Prinzip zu handeln«) noch etwas mehr präzisieren möchte, eine griffigere Definition anbieten, die den Punkten a. bis d. Rechnung trägt:

> *Maxime ist eine beabsichtigte Handlungsweise mit dem Anspruch, über die singuläre Verwirklichung hinauszugehen.*

Abschließend läßt sich sagen, um ja kein Mißverständnis aufkommen zu lassen: Eine Handlung ist noch nicht eine Handlung *aus Pflicht,* wenn sie nach einer Maxime beschlossen ist, sondern nur dann, wenn die zugrunde liegende Maxime einer bestimmten Prüfung unterzogen wird, nämlich der Prüfung durch den kategorischen Imperativ. Aber so weit sind wir noch nicht.

4. Die Achtung für das Gesetz

Bevor wir beim kategorischen Imperativ angelangen, konfrontiert uns Kant noch mit einer weiteren Pflichtbestimmung:

Pflicht ist die Notwendigkeit einer Handlung aus Achtung fürs Gesetz. (Gr.BA 14 = 400)

Zur Vermeidung einer falschen Weichenstellung erscheint es mir dringend geboten, noch einmal das zu benennen, was Kant unter »Gesetz« versteht. Natürlich ist damit nicht das Bürgerliche Gesetz oder das Strafgesetz des Staates oder ein göttliches Gesetz gemeint, sondern das, was Kant mit den Begriffen *Sittengesetz/praktisches Gesetz/moralisches Gesetz* umschreibt, die alle drei dasselbe meinen. Es ist das Gesetz, das in der Welt herrscht, die Kant jenseits der sinnlich wahrnehmbaren Welt annimmt: in der *noumenalen Welt.*

Die beste Erklärung für das praktische Gesetz gibt Kant in der bereits erwähnten Fußnote (Gr.BA 15 = 400), wo er dem *subjektiven Prinzip des Wollens* (= Maxime) *das objektive Prinzip* (= praktisches Gesetz) entgegenstellt:

Das praktische Gesetz ist die Gesetzmäßigkeit, die herrschen würde, wenn bei allen vernünftigen Wesen die Vernunft die volle Gewalt über unseren Willen hätte, und nicht unsere Neigungen!

Vor diesem Gesetz wird Achtung verlangt. Wenn dies geschieht, dann ist die Handlung wirklich eine Handlung *aus Pflicht*.

An dieser Stelle muß Kant Kritik befürchtet haben. Gehört nicht dieser Begriff der Achtung in den Bereich der Gefühle, die er bislang immer heftigst als Bestimmungsgrund des Wollens abgelehnt hatte? Ist nicht die Achtung auch eine Neigung?

Nein, sagt Kant, und schiebt noch eine Fußnote in den Text ein, die einer möglichen Kritik vorbeugen soll.

** Man könnte mir vorwerfen, als suchte ich hinter dem Worte Achtung nur Zuflucht in einem dunkelen Gefühle, anstatt durch einen Begriff der Vernunft in der Frage deutliche Auskunft zu geben. Allein wenn Achtung gleich ein Gefühl ist, so ist es doch kein durch Einfluß empfangenes, sondern durch einen Vernunftbegriff *selbstgewirktes* Gefühl und daher von allen Gefühlen der ersteren Art, die sich auf Neigung oder Furcht bringen lassen, spezifisch unterschieden. Was ich unmittelbar als Gesetz für mich erkenne, erkenne ich mit Achtung, welche bloß das Bewußtsein der *Unterordnung* meines Willens unter einem Gesetze, ohne Vermittelung anderer Einflüsse auf meinen Sinn, bedeutet. Die unmittelbare Bestimmung des

Willens durchs Gesetz und das Bewußtsein derselben heißt *Achtung,* so daß diese als *Wirkung* des Gesetzes auf Subjekt und nicht als Ursache desselben angesehen wird. (Gr.BA 16 Anm. = 401)

Ein Beispiel soll dies verdeutlichen:
 Ich erweise einem Menschen einen Dienst und fühle mich danach gut.
 Dieses gute Gefühl ist die Folge meiner Tat; Kant sagt: ein empfangenes Gefühl. Es bleibt auch ein empfangenes Gefühl, wenn ich die gute Tat vollbringe, um dieses Gefühl zu haben. Die Tat geschieht somit aus Neigung und hat somit nach Kant keinen wahren sittlichen Wert.
 Dagegen ist die vorgeschaltete Achtung für das Sittengesetz ein *durch die Vernunft selbstgewirktes Gefühl,* und hat nichts mit dem erwarteten oder erhofften guten Gefühl zu tun.
 Diesen Gedanken sichern wir mit der Lektüre einer weiteren Textstelle ab.

Es liegt also der moralische Wert der Handlung nicht in der Wirkung, die daraus erwartet wird, also auch nicht in irgend einem Prinzip der Handlung, welches seinen Bewegungsgrund von dieser erwarteten Wirkung zu entlehnen bedarf. Denn alle diese Wirkungen (Annehmlichkeit seines Zustandes, ja gar Beförderung fremder Glückseligkeit) konnten auch durch andere Ursachen zu Stande gebracht werden, und es brauchte also dazu nicht des Willens eines vernünftigen Wesens; worin gleichwohl das höchste und unbedingte Gute allein angetroffen werden kann. Es kann daher nichts anders als die *Vorstellung des Gesetzes* an sich selbst, *die freilich nur im vernünftigen Wesen stattfindet,* so fern sie, nicht aber die verhoffte Wirkung, der Bestimmungsgrund des Willens ist, das so vorzügliche Gute, welches wir sittlich nennen, ausmachen, welches in der Person selbst schon gegenwärtig ist, die danach handelt, nicht aber allererst aus der Wirkung erwartet werden darf. (Gr.BA 15 f. = 401)

Wer in seinem eigenen Kant-Text weiterlesen möchte, kann dies gerne tun. Er findet in Gr.BA 27 = 402 eine vorläufige erste Formel des kategorischen Imperativs mit einem Beispiel. Da dieses Beispiel später noch einmal vorkommt, heben wir es uns auf.

5. Die Absage an die Erfahrung

Das Problem mit der Handlung *aus Pflicht* ist, wie inzwischen deutlich geworden sein dürfte, daß man zwar die *Pflichtgemäßheit* einer Handlung am Ereignisablauf ablesen kann, aber nicht die sittliche Einstellung *aus Pflicht*. Die gerechten Preise des Krämers sind ein gutes Beispiel dafür. Was ich aber an einem Ereignisablauf nicht ablesen kann, kann ich auch nicht aus der Erfahrung von diesen Ereignissen ablesen.

Somit hat auch jedes Beispiel von einer möglichen sittlichen Tat das große Manko, nur eine zweifelhafte und unvollständige Auskunft über den sittlichen Wert dieser Handlung geben zu können, weil Beispiele aus der Erfahrung gewonnen werden. Sie sind nur Nachzeichnungen von erfahrenen oder in der Erfahrung möglichen Tatabläufen.

Erfahrungen sind aber total ungeeignet, ein oberstes Prinzip der Sittlichkeit zu finden: Es gibt Ladendiebe mit guten, und es gibt Ladendiebe mit schlechten Erfahrungen.

So ist die Erfahrung – nach der Neigung – der zweite große Feind jeder Sittlichkeit.

In der Tat ist es schlechterdings unmöglich, durch Erfahrung einen einzigen Fall mit völliger Gewißheit auszumachen, da die Maxime einer sonst pflichtmäßigen Handlung lediglich auf moralischen Gründen und auf der Vorstellung seiner Pflicht beruhet habe. Denn es ist zwar bisweilen der Fall, daß wir bei der schärfsten Selbstprüfung gar nichts antreffen, was außer dem moralischen Grunde der Pflicht mächtig genug hätte sein können, uns zu dieser oder jener Handlung und so großer Aufopferung zu bewegen; es kann aber daraus gar nicht mit Sicherheit geschlossen werden, daß wirklich gar kein geheimer Antrieb der Selbstliebe, unter der bloßen Vorspiegelung jener Idee, die eigentliche bestimmende Ursache des Willens gewesen sei, dafür wir denn gerne uns mit einem uns fälschlich angemaßten edlern Bewegungsgrunde schmeicheln, in der Tat aber selbst durch die angestrengteste Prüfung hinter die geheimen Triebfedern niemals völlig kommen können, weil, wenn vom moralischen Werte die Rede ist, es nicht auf die Handlungen ankommt, die man sieht, sondern auf jene innere Prinzipien derselben, die man nicht sieht. (Gr.BA 26 = 407)

Kant wird nicht müde, gegen die Erfahrung zu Felde zu ziehen, und verwendet dafür knapp acht Seiten. Er tut dies aus gutem Grund, da man auf dem Tummelplatz der täglichen Entscheidungen, welches Handeln wohl richtig sei, zu seiner Zeit gern vergaß, daß die Sittlichkeit nicht allein auf Popularität gegründet sein müsse.

Wir müssen unumwunden zugeben, daß diese Kritik Kants wohl auch die heutige Zeit trifft, auch wenn wir die Wahl seiner Worte nicht unbedingt teilen. Denn auch heute wimmelt es nur so von populären und halbvernünftigen Moralprinzipien. Er nennt die populäre Philosophie

... einen ekelhaften Mischmasch von zusammengestoppelten Beobachtungen und halbvernünftelnden Prinzipien ..., daran sich schale Köpfe laben, weil es doch etwas gar Brauchbares fürs alltägliche Geschwätz ist, (und ein) Blendwerk ... (Gr.BA 31 = 409)

So erhebt er die Forderung, die für seine Moralphilosophie Programm wird, nur Vernunftbegriffe *a priori* für die Begründung von Ethik zuzulassen.

Der Begriff *a priori* hat bekanntermaßen einen zentralen Stellenwert in Kants gesamter Philosophie. A priori = von vornherein (lat.: prior = früher) und bedeutet *unabhängig von aller Erfahrung*. A priori kann etwas nur dann sein, wenn von aller Erfahrung abgesehen wird. Für den Fall, daß dies nicht geschieht, gebraucht er das Wort *a posteriori* = im Nachhinein, d.h. die Erkenntnis wird »nach« (lat.: post) einer möglichen Erfahrung gewonnen. Somit ist *a priori* der genaue Gegenbegriff zur Erfahrung.

Eine letzte Erinnerung noch: In der ›Kritik der reinen Vernunft‹ nennt Kant die zwei Voraussetzungen, die erfüllt sein müssen, um von einer Erkenntnis *a priori* sprechen zu können:
 a) Sie muß allgemein gelten,
 b) sie muß notwendigerweise gelten.

Die Maßstäbe, die a priori für die theoretische Erkenntnis gelten, müssen auch a priori für das Handeln gelten. Kant wird zeigen, daß der kategorische Imperativ die zwei Voraussetzungen des *a priori* auch für das Handeln des Menschen erfüllt.

Aus dem Angeführten erhellet: daß alle sittliche Begriffe völlig a priori in der Vernunft ihren Sitz und Ursprung haben, und dieses zwar in der gemeinsten Menschenvernunft eben sowohl, als der im höchsten Maße spekulativen; daß sie von keinem empirischen und darum bloß zufälligen Erkenntnisse abstrahiert werden können; daß in dieser Reinigkeit ihres Ursprungs eben ihre Würde liege, um uns zu obersten praktischen Prinzipien zu dienen; daß man jedesmal so viel, als man Empirisches hinzu tut, so viel auch ihrem echten Einflusse und dem uneingeschränkten Werte der Handlungen entziehe; daß es nicht allein die größte Notwendigkeit in theoretischer Absicht, wenn es bloß auf Spekulation ankommt, erfordere, sondern auch von der größten praktischen Wichtigkeit sei, ihre Begriffe und Gesetze aus reiner Vernunft zu schöpfen, rein und unvermengt vorzutragen, ja den Umfang dieses ganzen praktischen oder reinen Vernunfterkenntnisses, d.i. das ganze Vermögen der reinen praktischen Vernunft, zu bestimmen ... (Gr.BA 34 = 411)

Die Forderung der Vernunft:
Erste Bekanntschaft mit dem kategorischen Imperativ

Dieses Kapitel wird uns vorläufig zum Ziel bringen, wir werden dem kategorischen Imperativ zum ersten Mal begegnen. Da wir keinen Leser zurücklassen wollen, machen wir einen kurzen Halt und blicken auf die bis jetzt zurückgelegte Wegstrecke zurück.

Bei der Frage nach dem obersten Prinzip von Sittlichkeit setzt Kant mit der Feststellung ein: Nichts ist gut außer dem guten Willen. Aber wann ist ein Wille gut? Er ist dann gut, wenn sein Wollen an sich gut ist. Dies ist *nicht* der Fall, wenn das Handeln nur pflichtmäßig ist.

Hier erteilt Kant der *Neigung* eine eindeutige Absage; später wird die *Erfahrung* folgen, die ebenfalls schroff abgelehnt wird.

Das Wollen ist nur dann an sich gut, wenn eine Handlung *aus Pflicht* geschieht. Dies ist der Fall, wenn sie nach einer bestimmten Maxime ausgerichtet ist, ohne daß die bestimmte Maxime bis jetzt klar ist.

Das Wollen ist ferner dann an sich gut, wenn dahinter die *Achtung für das Gesetz* steckt. Gemeint ist das Sittengesetz, welches nicht in der Natur vorkommt und welches das Gesetz einer Welt ist, die als intelligible oder noumenale Welt über unsere Welt der Erscheinungen hinausgeht.

Beide Welten, die Welt der Natur und die gedachte Welt, in der Freiheit und Sittlichkeit möglich sind, sind unsere Heimat.

Beide haben die Möglichkeit, unser Handeln zu bestimmen. Wie, das wird durch die nächste Lektüre deutlich.

Ein jedes Ding der Natur wirkt nach Gesetzen. Nur ein vernünftiges Wesen hat das Vermögen, *nach der Vorstellung der Gesetze,* d.i. nach Prinzipien, zu handeln, oder einen Willen. Da zur Ableitung der Handlungen von Gesetzen *Vernunft* erfordert wird, so ist der Wille nichts anders, als praktische Vernunft. Wenn die Vernunft den Willen unausbleiblich bestimmt, so sind die Handlungen eines solchen Wesens, die als objektiv notwendig erkannt werden, auch subjektiv notwendig, d.i. der Wille ist ein Vermögen, *nur dasjenige* zu wählen, was die Vernunft, unabhängig von der Neigung, als praktisch notwendig, d.i. als gut erkennt. Bestimmt aber die Vernunft für sich allein den Willen nicht hinlänglich, ist dieser noch subjektiven Bedingungen (gewissen Triebfedern) unterworfen, die nicht immer mit den objektiven übereinstimmen; mit einem Worte, ist der Wille nicht *an sich* völlig der Vernunft gemäß (wie es bei Menschen wirklich ist): so sind die Handlungen, die objektiv als notwendig erkannt werden, subjektiv zufällig, und die Bestimmung eines solchen Willens, objektiven Gesetzen gemäß, ist *Nötigung;* d.i. das Verhältnis der objektiven Gesetze zu einem nicht durchaus guten Willen wird vorgestellt als die Bestimmung des Willens eines vernünftigen Wesens zwar durch Gründe der Vernunft, denen aber dieser Wille seiner Natur nach nicht notwendig folgsam ist.

Die Vorstellung eines objektiven Prinzips, sofern es für einen Willen nötigend ist, heißt ein Gebot (der Vernunft) und die Formel des Gebots heißt *Imperativ.*

Alle Imperative werden durch ein *Sollen* ausgedrückt, und zeigen dadurch das Verhältnis eines objektiven Gesetzes der Vernunft zu einem Willen an, der seiner subjektiven Beschaffenheit nach dadurch nicht notwendig bestimmt wird (eine Nötigung). Sie sagen, daß etwas zu tun oder zu unterlassen gut sein würde, allein sie sagen es einem Willen, der nicht immer darum etwas tut, weil ihm vorgestellt wird, daß es zu tun gut sei. (Gr.BA 36 f. = 412 f.)

Daß alles in der Natur nach Gesetzen wirkt, ist leicht zu verstehen: Der Bach fließt nach unten, der Baum wächst nach oben, und das Tier frißt, wenn der Hungertrieb sich regt.

All dies trifft natürlich auch auf uns Menschen zu, aber: darüber hinaus haben wir als Vernunftwesen die Möglichkeit, ein eigenes Gesetz unserem Willen vorzustellen, d.h. ein Prinzip aufzustellen.

Nehmen wir als Beispiel den Vorsatz, für eine Woche einen Diätplan aufzustellen. Befolge ich diesen Plan, ist dies ein Vorstellen eines eigenen Gesetzes gegenüber dem Naturgesetz des Hungertriebes.

Für die Befolgung von Naturgesetzen brauche ich keine Vernunft, dafür aber für das Handeln aus Prinzipien.

Wenn nun das Handeln gewählt wird, was die Vernunft als notwendig erkannt hat, nennt Kant das den *Willen* oder die *praktische Vernunft*.

Hier ist Vorsicht geboten, der Begriff des Willens bei Kant ist *nicht* der Begriff, den wir als freien Willen kennen. Wille, oder freier Wille, ist bei Kant der schon am praktischen Gesetz ausgerichtete oder der noch auszurichtende Wille. Das, was in unserer Umgangssprache oft freier Wille bedeutet, wird bei Kant *freie Willkür* heißen und meint die Beliebigkeit, je nach Laune tun und lassen zu können, was man will.

Nun ist es nach Kant eine Illusion, zu glauben, die Vernunft habe totale Gewalt über unsere Handlungen. Tatsache hingegen ist, daß zwischen uns und der Vernunft oft »gewisse Triebfedern« und subjektive Bedingungen (Lust, Laune, Neigungen …) stehen.

Aus diesem Grunde muß der Wille durch Gründe der Vernunft gezwungen werden, da er nicht notwendigerweise der Vernunft gehorcht. Kant nennt dies Nötigung. Genötigt jedoch wird durch ein Gebot, und die »Formel« des Gebotes ist der Imperativ.

Alle Imperative nun gebieten entweder *hypothetisch,* oder *kategorisch.* Jene stellen die praktische Notwendigkeit einer möglichen Handlung als Mittel, zu etwas anderem, was man will (oder doch möglich ist, daß man es wolle), zu gelangen, vor. Der kategorische Imperativ würde der sein, welcher eine Handlung als für sich selbst, ohne Beziehung auf einen andern Zweck, als objektiv-notwendig vorstellte.

Weil jedes praktische Gesetz eine mögliche Handlung als gut und darum, für ein durch Vernunft praktisch bestimmbares Subjekt, als notwendig vorstellt, so sind alle Imperativen Formeln der Bestimmung der Handlung, die nach dem Prinzip eines in irgend einer Art guten Willens notwendig ist. Wenn nun die Handlung bloß *wozu anders,* als Mittel, gut sein würde, so ist der Imperativ *hypothetisch;* wird sie als an sich gut vorgestellt, mithin als notwendig in einem *an sich* der Vernunft gemäßen Willen, als Prinzip desselben, so ist er *kategorisch.* (Gr.BA 39 f. = 414)

Jetzt haben wir zwei Arten von Imperativen kennengelernt, den hypothetischen Imperativ und den kategorischen Imperativ. Was ist der Unterschied zwischen beiden?

1. Der hypothetische Imperativ

Eine Hypothese ist eine Vorweg-Annahme: Wenn du A willst, mußt du B tun. Nehmen wir einmal an, Karl will eines Tages ein guter Klavierspieler werden. In dem Fall wird seine Mutter ihn auffordern: Wenn du ein guter Klavierspieler werden willst, mußt du täglich eine Stunde üben!

Im selben Sinne sagt Kant unmißverständlich, was ein hypothetischer Imperativ ist:

Der hypothetische Imperativ sagt also nur, daß die Handlung zu irgend einer möglichen oder wirklichen Absicht gut sei. (Gr.BA 40 = 415)

Ein solcher Imperativ kann natürlich nicht kategorisch oder notwendig für alle gelten, sondern nur hypothetisch (= unter der Voraussetzung der Vorweg-Annahme), daß einer überhaupt Klavier lernen möchte.

Nachdem Kant diesen Imperativ auch Imperativ oder Regel der Geschicklichkeit und Klugheit genannt hat, leitet er jetzt über zu dem Begriff, der unlösbar wie ein Markenzeichen mit Kants Namen verbunden ist: dem kategorischen Imperativ.

2. Der kategorische Imperativ

Endlich gibt es einen Imperativ, der, ohne irgend eine andere durch ein gewisses Verhalten zu erreichende Absicht als Bedingung zum Grunde zu legen, dieses Verhalten unmittelbar gebietet. Dieser Imperativ ist *kategorisch.* Er betrifft nicht die Materie der Handlung und das, was aus ihr erfolgen soll, sondern die Form und das Prinzip, woraus sie selbst folgt, und das Wesentlich-Gute derselben besteht in der Gesinnung, der Erfolg mag sein, welcher er wolle. Dieser Imperativ mag der der *Sittlichkeit* heißen. (Gr.BA 43 = 416)

Die Nötigung des Willens ist das, was beide Imperative von einander unterscheidet. Die Nötigung des hypothetischen Imperativs hat nicht den Charakter eines unbedingten Gesetzes, sie gilt nur bedingt, und zwar nur – in unserem Beispiel – unter der Bedingung, daß ich überhaupt Klavierspielen lernen will.

Wenn die Nötigung dagegen unter allen Umständen, d.h. bedingungslos gilt, dann hat sie unbedingten oder kategorischen Charakter.

Unbedingten oder kategorischen Charakter hat aber nur die Nötigung durch ein Gesetz; so ist es ja auch in unserem Strafgesetz, das für alle allgemein und notwendig gilt.

Das Gesetz, um das es Kant hier geht, ist natürlich nicht das Strafgesetz, sondern das praktische, das Sittengesetz. Dieses würde herrschen, wenn die Vernunft vollkommene Kontrolle über uns hätte.

Bevor Kant es uns mitteilt, braucht er nochmals knappe sechs Seiten, in denen er zum wiederholten Male beteuert, daß dieses Gesetz durch kein Beispiel, also nicht durch irgendeine Erfahrung auszumachen ist. Wenn Kant fragt:

Wer kann das Nichtsein einer Ursache durch Erfahrung beweisen, da diese nichts weiter lehrt, als daß wir jene nicht wahrnehmen? (Gr.BA 49 = 419)

müssen wir ihm unbedingt recht geben. Der Satz gilt:
– sowohl für die sichtbare Natur: bei dem Satz »Die Butter schmilzt, weil die Sonne scheint« kann ich zwar die schmelzende Butter sehen, aber nicht das *weil!*
– als auch für die Welt des Sittengesetzes: bei den Sätzen »Ich bin ehrlich, weil ich Achtung vor dem Sittengesetz habe« und »Ich bin ehrlich, weil ich (als Triebfeder) Angst vor Bestrafung habe« kann ich beide »weil« (beide Ursachen) nicht wahrnehmen; somit sind sie auch keine Gegenstände der Erfahrung.

Nach dieser langen Hinführung kommt Kant endlich zu dem von ihm gefundenen praktischen Gesetz, dessen Formel der kategorische Imperativ ist. Es ist der Imperativ, von dem er im letzten gelesenen Abschnitt behauptet hat (Achtung: dieser Gedanke ist äußerst wichtig!), daß er *nicht die Materie der Handlung, sondern die Form der Handlung* betrifft.

Aus diesem Grund wird Kants Ethik auch zu Recht *formale oder formalistische Ethik* genannt.

Dem aufmerksamen Leser wird sich, wenn er die Brille des Formalismus aufsetzt, bei der weiteren Lektüre dieser Begriff des ethischen Formalismus von ganz allein erschließen. Wem dies nicht gelingt, sei verwiesen auf den Abschnitt *Autonomie und Freiheit*, Kapitel 2.

Da die Grundlegung den kategorischen Imperativ in fünf Formulierungen kennt, geben wir der ersten Fassung den Namen Formel 1.

Handle nur nach derjenigen Maxime, durch die du zugleich wollen kannst, daß sie ein allgemeines Gesetz werde. (Gr.BA 52 = 421)

Von den meisten Menschen schon einmal gehört, im eigenen Formulieren nur bruchstückhaft zitierbar, erleidet Kants kategorischer Imperativ tagtäglich dasselbe Schicksal, das alle großen Begriffe dieser Erde unvermeidlich erleiden: das tragische Schicksal unzähliger Mißverständnisse. Die Reihe der Verzerrungen reicht von Interpretationen wie »Was wäre, wenn das alle täten?« bis hin zum gängigen Reim »Was du nicht willst, daß man dir tu, das füg auch keinem andern zu!«

Letzten Ende steckt hinter all den halbwahren Interpretationen wohl die richtige Erkenntnis, daß die

Verallgemeinerung von Handlungen mit der Frage der Ethik untrennbar verbunden ist.

Aus diesem Grund halte ich es für angebracht, Kant für ein kurzes, aber wichtiges Kapitel zu verlassen. Wir wollen ein Thema einschieben, das aus keiner ethischen Debatte wegzudenken ist: das Thema der Verallgemeinerung. Die Methode der Verallgemeinerung kennt mehrere Wege, Kants kategorischer Imperativ ist nur einer davon.

Der philosophische Anfänger sollte auf jeden Fall dieses Kapitel anlesen und schauen, wie weit er kommt. Das Kapitel, das den direkten Anschluß an diese Zeilen herstellt, steht im Teil 3 und heißt *Der kategorische Imperativ:* Erste Formel.

Ein kurzer Einschub:
Die Methode der Verallgemeinerung

1. Verallgemeinerung im Alltag
Verallgemeinerungen gehören zu unserem täglichen Brot. Kein Leben besteht auch nur zu einer Stunde aus Einzelerlebnissen oder aus nie mehr vorkommenden Ereignissen. Wir können uns in der Regel anderen Menschen nicht mitteilen, wenn das Gesagte nicht allgemein verstehbar ist. Allein schon unsere Sprache ist eine Verallgemeinerung von Mund- und Zungenbewegungen.

Wie sollte dies anders sein, wenn es um die Frage geht, welches Handeln richtig oder falsch ist?

Auch ist das Verfahren der Verallgemeinerung nicht den Philosophen allein vorbehalten. Es spielt auch bei einem reflektiv nicht begabten Menschen eine nicht geringe Rolle.

»Was würde passieren, wenn jeder so handelte?« fragen wir, wenn ein Kind die Kaugummis im Supermarkt an der Kasse vorbeischmuggeln möchte.

Die Frage ist eine Frage des täglichen Umgangs, vor allem in der Erziehung. Sie spiegelt etwas von dem Gespür wieder, das ein Mensch hat, der glaubt, richtig zu handeln; bin ich beispielsweise zu der Überzeugung gekommen, ich habe richtig gehandelt, gebe ich mich damit nicht zufrieden. Wenn ich meine als richtig angenommene Handlung eingebettet sehe im Verhalten anderer Menschen, erfüllt mich dies mit Genugtuung, und es unterstreicht die vermeintliche Richtigkeit meiner Handlung.

Zweifelt einer diese Richtigkeit an, werde ich wohl kaum die Schultern zucken und meinen, dies sei letztlich egal. Nein, die meisten werden unweigerlich einen berechtigten Anspruch auf Wahrheit erheben, der dann als eingelöst angesehen werden kann, wenn alle (oder zumindest möglichst viele) zustimmen.

2. *Verallgemeinerung in der philosophischen Diskussion*

Das Standardwerk zum Thema Verallgemeinerung kommt aus England und stammt aus der Feder von M. G. Singer. Wir wollen uns auf ihn beschränken, denn er hat die Diskussion um Verallgemeinerung am weitesten vorangetrieben und ist außerdem noch leicht zu lesen.

Der eigentliche Grund aber, seine Gedanken jetzt in einer Kurzform zusammenzufassen, ist, daß Singer das Kontrastmittel bereitstellt, auf dessen Hintergrund wir Kant besser verstehen können. Um es gleich vorwegzunehmen: Singer sagt genau das, was viele Menschen irrtümlich für Kant ausgeben.

Hier nun die Grundzüge von Singers Thesen.

Seine Grundthese lautet: *Das Verfahren der Verallgemeinerung ist ohne Einschränkung gültig; es ist zwar nicht das einzige, aber das wichtigste Prinzip der Ethik.*

Das Argument »Wenn jeder die Handlung x täte, wären die Folgen verheerend; darum sollte niemand x tun«, oder »Wenn die Folgen davon, daß niemand x täte, nicht wünschenswert wären, sollte jeder x tun« reicht Singer nicht aus. Singer sieht in der *Auffindung der Bedingungen der Verallgemeinerung* das zentrale Problem.

Wichtig ist also die Angabe der Bedingung und, wenn nötig, die Angabe von weiteren Bedingungen.

Beispiel: Der faule Backenzahn, der Schmerzen verursacht, beinhaltet, daß jeder andere faule Zahn Schmerzen nach sich zieht. Dies natürlich nur bei Angabe der genaueren Bedingung: wenn der Nerv nicht entfernt worden ist. Jeder Zahn, der bei gleicher Beschaffenheit der Nerven etc. faul ist, verursacht Schmerzen.

Das Prinzip der Verallgemeinerung ist ausschließlich anwendbar bei Kausalaussagen (Aussagen mit Angabe von Ursache und Wirkung). Beispiel: Ein Flugzeug stürzt ab, weil die Tragflächen abgebrochen sind. Die Verallgemeinerung lautet: Immer, wenn Tragflächen abgebrochen sind, stürzen Flugzeuge ab.

Das Argument der Verallgemeinerung gilt nicht bei *beschreibenden Urteilen:* Daß ein Tisch 1,30 m lang ist, heißt nicht, daß alle Tische 1,30 m lang sind. Dagegen sind *moralische Urteile den Kausalsätzen gleichzusetzen, da auch moralische Urteile begründbar sein müssen.*

Auf welche Handlungen aber ist das Prinzip der Verallgemeinerung anwendbar? Oder anders gefragt: Was sind die Merkmale einer moralischen Handlung?

Diese Frage nach dem Moralkriterium wird von Singer auf eine Weise beantwortet, die schlichtweg bestechend ist und ihresgleichen in der Forschung sucht. Singer gibt eine zweifache Antwort:

A. Das Argument der Verallgemeinerung darf hinsichtlich von Handlungsweisen nicht umkehrbar sein. Dies trifft zu, wenn die Folgen von »Jeder tut x« genauso wenig wünschenswert sind, wie die Folgen von »Niemand tut x«. Beispiel: Ich habe das Berufsziel, Architekt oder Bäcker zu werden. Nun sind die Folgen davon, daß jeder Mensch auf der Erde Architekt wird, genauso wenig wünschenswert (wir würden vielleicht ohne Häuser erfrieren), wie die Folgen davon, daß keiner mehr Bäcker wird (weil wir dann verhungern würden).

Dagegen ist das moralische Urteil »Du sollst nicht stehlen« ein wirkliches moralisches Urteil: Die Folgen davon, daß jeder stiehlt, sind nicht identisch mit den Folgen, daß keiner stiehlt.

B. Das Verfahren der Verallgemeinerung darf nicht iterierbar (wiederholbar) sein.
Dies ist dann der Fall, wenn ich eine Handlung zu sehr spezifiziere. Singer argumentiert, wenn jeder um 18 Uhr zum Essen ginge, wären die Folgen verheerend. Mache ich die Verallgemeinerung von der speziellen Uhrzeit abhängig, müßten wir sagen, um 17 oder 16 Uhr hat auch keiner das Recht, zum Essen zu gehen, da auch dies schlimme Folgen hätte. Also dürfte keiner zu irgendeiner Zeit zum Essen gehen.

Eine wiederholbare Verallgemeinerung ist ungültig. »Denn jede Anwendung des Arguments, die iterierbar ist, ist gleichzeitig auch umkehrbar.« (Singer, siehe Antwort A.)

Soweit in groben Zügen der Entwurf Singers. Seine Ausführungen sind sicher höchst interessant, aber: Singer ist nicht Kant. Der große Unterschied zwischen beiden besteht darin:

Singer legt eine Handlung quasi auf den Seziertisch und untersucht präzise jede Einzelheit der ausgeführten Handlung, sowohl ihre Bedingungen als auch ihre Folgen.

Kant legt nicht die *Handlung* auf den Seziertisch und schon gar nicht deren Folgen, sondern die *Maxime*, d.h. die beabsichtigte Handlungsweise, deren Folgen zwar wünschenswert sind, aber keine Aussagen über den sittlichen Gehalt der Folgen zulassen. Kant geht es nicht darum,

was *geschieht,* sondern ... [um das], *was geschehen soll,* ob es gleich niemals geschieht ... (Gr.BA 62 = 427)

Nicht zu vergessen der wichtigste Unterschied zwischen Singer und Kant. Singers Hauptanliegen ist das

Auffinden der *Bedingungen* einer verallgemeinerungsfähigen Handlung; Kant muß die Frage nach den Bedingungen zurückweisen, da er auf der Suche nach dem *bedingungslos* (= kategorisch) geltenden Sittengesetz ist. Sein kategorischer Imperativ will ja gerade *unabhängig von allen Bedingungen* gebieten.

Nun sind wir da angelangt, wo wir hin wollten: beim kategorischen Imperativ. Wir können uns jetzt zutrauen, einen genaueren Blick auf ihn zu werfen.

Teil 3

Der kategorische Imperativ:
Erste Formel

Wir wiederholen ihn zu Beginn in seiner ersten Formulierung:
Handle nur nach derjenigen Maxime, durch die du zugleich wollen kannst, daß sie ein allgemeines Gesetz werde.
Versuchen wir einmal, Beispiele zu finden und den kategorischen Imperativ darauf anzuwenden.

Beispiel 1: *Ich sehe einen Geldboten der Sparkasse auf der Straße, der die Geldtasche ungesichert in der Hand trägt, und beschließe, sie ihm mit einem kurzen Ruck zu entreißen, ohne ihm Schaden zuzufügen, und schnell in der Menge zu verschwinden. Das ist nicht schlimm, denke ich, denn die Banken schwimmen sowieso alle im Geld, und außerdem sind sie versichert.*

Warum ist diese Handlung als unsittlich zu verwerfen? Das 7. Gebot »Du sollst nicht stehlen!« scheidet als Grund aus, Kant würde sagen: es wäre eine heteronome Bestimmung der Vernunft, eine Fremdbestimmung, die von außen an mich herangetragen wird (weil es geschrieben steht). Ich muß den Grund für das Nicht-Stehlen in meiner Vernunft finden, die Selbstbestimmung der Vernunft muß die Antwort nach Sittlichkeit oder Unsittlichkeit geben. Und das geht bei Kant so:

Kann ich wollen, auf die eben geschilderte Weise zu Geld zu kommen? Natürlich ist es möglich, so zu Geld kommen zu wollen; es ist ein natürlicher

Wunsch, ein sinnlicher Antrieb oder eine sinnliche Triebfeder.

Der *erste Schritt*, den Kant uns vorschreibt, ist, eine Maxime zu formulieren. Sie würde in unserem Beispiel lauten: Immer, wenn ich mein Lebensgefühl gesteigert haben möchte, entwende ich der Sparkasse Geld. (Es wären noch andere Maximen möglich: Immer, wenn ich in Geldnot bin ... o.ä.)

Der *zweite Schritt* ist, diese Maxime zu verallgemeinern und sie sich als allgemeines Gesetz vorzustellen. In unserem Land gäbe es das Gesetz: Das Bestehlen von Sparkassen ist zum Zwecke der Steigerung des Lebensgefühles erlaubt. Wenn ich darüber nachdenke, wird meine Vernunft zu dem Ergebnis kommen: Wenn ich ein solches Gesetz wirklich will, muß ich auch wollen, daß meine eigenen Ersparnisse auf der Bank von anderen gestohlen werden können. Dem Wunsch aber, bestohlen zu werden, liegt ein Wollen zugrunde, dem man nur schwer das Prädikat der Vernunft verleihen kann.

Beispiel 2: *Ich beabsichtige, mit den öffentlichen Verkehrsmitteln in die Stadt zu fahren, möchte aber den Fahrpreis sparen. So steige ich ohne Fahrkarte in die U-Bahn, in der Hoffnung, nicht erwischt zu werden.*

Wir formulieren die Maxime: Wann immer ich Geld sparen möchte, fahre ich auf Kosten anderer schwarz.

Kann ich das wollen? Ja. Jetzt verallgemeinere ich die Maxime. Bitte nicht: Kann ich wollen, daß alle schwarz fahren? Sondern: Kann ich wollen, daß es ein Gesetz gibt, daß Leute auf Kosten anderer fahren? Gäbe es dieses Gesetz, käme meine Vernunft zu dem Ergebnis, daß andere auch auf meine Kosten leben können, ja sogar leben sollen.

Der Kategorische Imperativ:
Zweite Formel

Obwohl der kategorische Imperativ nach Kant nur ein einziger ist, verwendet er ihn elf Zeilen später in einer weiteren Formulierung. Das ist kein Widerspruch, denn Kant meint selbst,

> »... so könnte der allgemeine Imperativ der Pflicht auch so lauten:
> *handle so, als ob die Maxime deiner Handlung zum allgemeinen Naturgesetz werden sollte.*« (Gr.BA 52 = 421)

Diese Formulierung ist die eindeutig interessanteste und am ausführlichsten illustrierte Fassung des kategorischen Imperativs. Kant verwendet nämlich für diese Illustration treffende Beispiele. Es sind seine berühmten vier Beispiele, die in keiner Abhandlung über Kants Ethik fehlen und aus keiner Kant-Debatte wegzudenken sind.

Um das Kommende ein bißchen übersichtlicher zu gestalten, fertigen wir einen Raster an, in dem wir diese vier Beispiele unterbringen und einordnen wollen. Den Raster liefert uns Kant selbst, indem er unterscheidet zwischen

– vollkommenen Pflichten: eine gegenüber uns, eine gegenüber anderen,

– unvollkommenen Pflichten: eine gegenüber uns, eine gegenüber anderen.

	gegen sich	gegen andere
vollkommene Pflicht	Selbstmord-Beispiel	Versprechen-Beispiel
unvollkommene Pflicht	Talente-Beispiel	Hilfe-in-der-Not-Beispiel

Die Unterscheidung vollkommene/unvollkommene Pflicht ist umstritten, da Kant sie in seinen späteren Werken nicht mehr aufgreift. Sie kommt auch in dieser Form nur in der ›Grundlegung‹ vor. (Anmerkung: Sein Spätwerk, die ›Metaphysik der Sitten‹, kennt sie zwar auch, aber in einer anderen Bedeutung.)

Trotzdem wollen wir den Gesichtspunkt, der Kant für diese Unterscheidung wichtig war, nicht unterschlagen.

Eine *vollkommene Pflicht* liegt dann vor,
– wenn ich die Verallgemeinerung einer Maxime widerspruchsfrei nicht denken und nicht wollen kann,

eine *unvollkommene Pflicht* dann,
– wenn ich die Verallgemeinerung einer Maxime zwar denken kann, aber nicht widerspruchsfrei wollen kann.

Eine Klärung dieser Pflichteneinteilung ergibt sich bei der Lektüre der vier Beispiele von allein.

Kants Beispiele

Das erste Beispiel
1) Einer, der durch eine Reihe von Übeln, die bis zur Hoffnungslosigkeit angewachsen ist, einen Überdruß am Leben empfindet, ist noch so weit im Besitz seiner Vernunft, daß er sich selbst fragen kann, ob es auch nicht

etwa der Pflicht gegen sich selbst zuwider sei, sich das Leben zu nehmen. Nun versucht er: ob die Maxime seiner Handlung wohl ein allgemeines Naturgesetz werden könne. Seine Maxime aber ist: ich mache es mir aus Selbstliebe zum Prinzip, wenn das Leben bei seiner längern Frist mehr Übel droht, als es Annehmlichkeit verspricht, es mir abzukürzen. Es frägt sich nur noch, ob dieses Prinzip der Selbstliebe ein allgemeines Naturgesetz werden könne. Da sieht man aber bald, daß eine Natur, deren Gesetz es wäre, durch dieselbe Empfindung, deren Bestimmung es ist, zur Beförderung des Lebens anzutreiben, das Leben selbst zu zerstören, ihr selbst widersprechen und also nicht als Natur, bestehen würde, mithin jene Maxime unmöglich als allgemeines Naturgesetz stattfinden könne, und folglich dem obersten Prinzip aller Pflicht gänzlich widerstreite. (Gr.BA 53 f. = 422)

Vorsicht: Auf dem Prüfstand des kategorischen Imperativs befindet sich nur vordergründig der mögliche Selbstmord. Kants eigentliche Argumentation ist auf die Maxime der Selbstliebe gerichtet, die das eine Mal das Leben erhalten will und das andere Mal das Leben abkürzen möchte.

Natürlich weiß Kant, daß es nicht unmöglich ist, aus Überdruß Selbstmord zu begehen. Ebenso weiß Kant auch, daß es nicht unmöglich ist, aus Selbstliebe sein Leben zu erhalten. Nur: können beide Aussagen über die Selbstliebe zusammen Teil eines Naturgesetzes sein?

Wir müssen den üblichen Mißverständnissen, denen der kategorische Imperativ ausgesetzt ist, bereits hier vorbeugen. Es geht nicht darum, was die Folgen wären, wenn alle Menschen Selbstmord begingen! Eine Welt voller Selbstmordkandidaten sich vorzustellen, ist zwar merkwürdig, bereitet aber letzten Endes keine logischen Schwierigkeiten.

Im kategorischen Imperativ werden keine Handlungen oder Handlungsfolgen verallgemeinert, sondern Maximen. Das im kategorischen Imperativ geforderte Gedankenexperiment bezieht sich allein auf die *Maxime:* Kann sie ein Gesetz ähnlich eines Gesetzes der Naturordnung sein?

Verallgemeinere ich die Maxime der Selbstliebe, indem ich sie als Naturgesetz denke, beinhaltet das auf der einen Seite die Erhaltung von Leben, wenn es mir gut geht. Geht es mir äußerst schlecht, würde die Verallgemeinerung der Maxime der Selbstliebe auf der anderen Seite zur Zerstörung von Leben führen. Aufgrund derselben Selbstliebe sein Leben zu zerstören, würde dazu in Widerspruch stehen.

Wenden wir dieses Gedankenexperiment auf die Natur an, kommen wir zu dem verblüffenden Ergebnis, daß dies in der Natur eine krasse Fehlkonstruktion wäre: ein- und dasselbe Gesetz wäre für Erhaltung und Zerstörung von Leben zuständig.

Das zweite Beispiel
2) Ein anderer sieht sich durch Not gedrungen, Geld zu borgen. Er weiß wohl, daß er nicht wird bezahlen können, sieht aber auch, daß ihm nichts geliehen werden wird, wenn er nicht festiglich verspricht, es zu einer bestimmten Zeit zu bezahlen. Er hat Lust, ein solches Versprechen zu tun; noch aber hat er so viel Gewissen sich zu fragen: ist es nicht unerlaubt und pflichtwidrig, sich auf solche Art aus Not zu helfen? Gesetzt, er beschlösse es doch, so würde seine Maxime der Handlung so lauten: wenn ich mich in Geldnot zu sein glaube, so will ich Geld borgen, und versprechen, es zu bezahlen, ob ich gleich weiß, es werde niemals geschehen. Nun ist dieses Prinzip der Selbstliebe, oder der eigenen Zuträglichkeit, mit meinem ganzen künftigen Wohlbefinden vielleicht wohl zu vereinigen, allein jetzt ist die Frage: ob es recht sei? Ich verwandle also die Zumutung der Selbstliebe in ein allgemeines Gesetz, und richte die Frage so ein: wie es dann

stehen würde, wenn meine Maxime ein allgemeines Gesetz würde. Da sehe ich nun sogleich, daß sie niemals als allgemeines Naturgesetz gelten und mit sich selbst zusammenstimmen könne, sondern sich notwendig widersprechen müsse. Denn die Allgemeinheit eines Gesetzes, daß jeder, nachdem er in Not zu sein glaubt, versprechen könne, was ihm einfällt, mit dem Vorsatz, es nicht zu halten, würde das Versprechen und den Zweck, den man damit haben mag, selbst unmöglich machen, indem niemand glauben würde, daß ihm was versprochen sei, sondern über alle solche Äußerung, als eitles Vorgeben, lachen würde. (Gr.BA 54 f. = 422)

Dieses Beispiel ist reizvoll, aber nicht so einfach, wie es aussieht. Bei der zahlreichen Schar der Interpreten können wir – grob gerechnet – zwei Lager ausmachen. Der philosophische Anfänger dürfte wohl dem ersten Lager seine Sympathie schenken, der Fortgeschrittene wird wahrscheinlich das Lager wechseln. Wir werden beide kurz skizzieren.

Zuerst aber formulieren wir zur Sicherheit noch einmal die Maxime, um die es geht:

Wenn ich mich in Geldnot zu sein glaube, so will ich Geld borgen, und versprechen, es zu bezahlen, ob ich gleich weiß, es werde niemals geschehen.

Das erste Lager der Forscher geht von den Folgen aus, welche die Realisierung der Verallgemeinerung dieser Maxime nach sich ziehen würde. Die Folgen von falschen Versprechen am laufenden Band mit Gesetzescharakter wären, daß die menschliche Kulturgemeinschaft in naher Zukunft untergraben wäre; die logische Konsequenz des dauerhaften Lügens wäre letztlich ein Volk, das irgendwann einmal ohne Sprache auskommen müßte.

Der Widerspruch tritt bei dieser Betrachtungsweise dann auf, wenn man die Handlungsfolgen verallgemeinert. Ferner scheint Kants Bemerkung, daß jeder über dies eitle Vorgeben lachen würde, dem Recht zu geben.

Demgegenüber beeilt sich das zweite Lager zu beteuern, Kant kann unmöglich einen derartigen Fehler gemacht haben; denn die Kenntnis von Folgen eines falschen Versprechens beruht eindeutig auf Erfahrung: Menschen erinnern sich an Vergangenes und verwerten bei Versprechen ihre Erinnerung. Somit wäre die bislang schroff abgelehnte Erfahrung ein Maßstab für die Unsittlichkeit eines falschen Versprechens.

Nein, wird behauptet, die sittliche Bedeutung des Beispiels darf nicht von dem sinnlich wahrnehmbaren Brechen des Versprechens her aufgeschlossen werden, sondern von der Verallgemeinerung des Willens, der dem falschen Versprechen zugrunde liegt. Problematisch ist nicht die Summe der Einzelfälle von Rückzahlungsverweigerungen, sondern *die angenommene naturgesetzliche Notwendigkeit* des Verweigerns.

Vielleicht läßt sich das Problem auf einem kleinen Umweg besser in den Griff bekommen: Ein Versprechen ist dasselbe wie eine Selbstverpflichtung; ein falsches Versprechen wäre dann, keine Verpflichtung zu übernehmen. Als Naturgesetz würde das bedeuten, daß mit jeder Selbstverpflichtung keine Selbstverpflichtung verbunden sei.

Dies ist ein eindeutiger Widerspruch im Denken.

Das dritte Beispiel
In den Beispielen 3 und 4 geht es um das, was nicht gewollt werden kann. Um es nochmals zu betonen: Gewollt (und übrigens auch gedacht) werden kann grundsätzlich alles, das steht außer Frage. Das weiß

auch Kant. Aber ihm geht es um den Widerspruch, der bei Denken und Wollen auftritt, wenn eine Maxime wie ein Naturgesetz als verallgemeinert gedacht wird.

Dies vornweg. Aber wenden wir uns jetzt unserem Beispiel zu.

3) Ein dritter findet in sich ein Talent, welches vermittelst einer Kultur ihn zu einem in allerlei Absicht brauchbaren Menschen machen könnte. Er sieht sich aber in bequemen Umständen, und zieht vor, *lieber* dem Vergnügen nachzuhängen, als sich mit Erweiterung und Verbesserung seiner glücklichen Naturanlagen zu bemühen. Noch fragt er aber: ob, außer der Übereinstimmung, die seine Maxime der Verwahrlosung seiner Naturgaben mit seinem Hange zur Ergötzlichkeit an sich hat, sie auch mit dem, was man Pflicht nennt, übereinstimme. Da sieht er nun, daß zwar eine Natur nach einem solchen allgemeinen Gesetze immer noch bestehen könne, obgleich der Mensch (so wie die Südsee-Einwohner) sein Talent rosten ließe, und sein Leben bloß auf Müßiggang, Ergötzlichkeit, Fortpflanzung, mit einem Wort, auf Genuß zu verwenden bedacht wäre; allein er kann unmöglich *wollen,* daß dieses ein allgemeines Naturgesetz werde, oder als ein solches in uns durch Naturinstinkt gelegt sei. Denn als ein vernünftiges Wesen will er notwendig, daß alle Vermögen *in* ihm entwickelt werden, weil sie ihm doch zu allerlei möglichen Absichten dienlich *und gegeben* sind. (Gr.BA 55 = 423)

Von dem, was Kant hier verurteilt, hat wohl jeder schon einmal geträumt. Auf einer Südsee-Insel in der Hängematte zu liegen, der »Ergötzlichkeit«, dem Müßiggang und dem Genuß zu frönen, ist eine zu lockende Vorstellung, um sie nicht schon geträumt zu haben.

Nun sagt uns Kant, daß diese Vorstellung zwar gedanklich geht, aber daß wir es eigentlich nicht wollen können. Also heißt es, Abschied zu nehmen von den

Palmen der Südsee und gefälligst zur Kenntnis zu nehmen, warum unsere Träume unsittlich sind. Daß die armen Südsee-Insulaner dabei vielleicht als ein wenig verunglimpft dastehen, wollen wir dem großen Philosophen, der gemeint hat, daß die Lektüre von Reisebeschreibungen das Reisen ersetzen könne, großzügig durchgehen lassen.

Werfen wir auch hier einen Blick auf die Literatur über dieses Beispiel. Ein Interpret nennt Kants Maxime der Verwahrlosung der Naturgaben eine »Maxime der Selbstverwahrlosung«. Er meint, mit dieser Maxime würde ich es in Kauf nehmen, der vollen Wirksamkeit meines Willens beraubt zu werden. Wer diese Maxime als Gesetz will, hat einen Willen, der kein Interesse an seiner eigenen Möglichkeit hat. Somit ist mein Wille auf Willenlosigkeit gerichtet. Als Wille, der seine eigene Willenlosigkeit, d.h. seine eigene Unmöglichkeit, will, ist er widersprüchlich.

Ein anderer Interpret sieht dies ähnlich und sieht als Maxime die »Kulturunwilligkeit«. Ein Wesen, das wollen kann, kann nur mittels der Vernunft wollen. Wenn ich mittels der Vernunft wollen kann, daß ich nicht ab und zu, sondern naturgesetzlich die Vernunft aufgebe, welche die Entwicklung meiner Talente erst ermöglicht, gebe ich mich als Vernunftwesen auf.

All dies klingt, zugegeben, etwas kompliziert, ist aber trotzdem reizvoll, es sich nochmals durch den Kopf gehen zu lassen.

Schließen wir unsere Betrachtung mit einem eigenen Beispiel ab:

Fühle ich in mir eine musikalische Begabung, ist das eine Naturanlage in mir, die auf Verwirklichung ausgerichtet ist. Ohne alle Verwirklichung würde ich noch nicht einmal mein musikalisches Talent bemerkt haben. Dieses Ziel der Verwirklichung steht nun in Widerspruch zu einem anderen Ziel, das ich erreiche, wenn ich die folgende Maxime verallgemeinere: ich will meine Talente verwahrlosen lassen und somit zum Verschwinden bringen.

Wollen kann ich zwar mal das eine und mal das andere, aber ich kann mir keine Naturgesetzlichkeit vorstellen, die Verwirklichung *und* Verwahrlosung meiner Begabung zugleich will.

Das vierte Beispiel
Noch denkt ein vierter, dem es wohl geht, indessen er sieht, daß andere mit großen Mühseligkeiten zu kämpfen haben (denen er auch wohl helfen könnte): was geht's mich an? mag doch ein jeder so glücklich sein, als es der Himmel will, oder er sich selbst machen kann, ich werde ihm nichts entziehen, ja nicht einmal beneiden; nur zu seinem Wohlbefinden, oder seinem Beistande in der Not, habe ich nicht Lust, etwas beizutragen! Nun könnte allerdings, wenn eine solche Denkungsart ein allgemeines Naturgesetz würde, das menschliche Geschlecht gar wohl bestehen, und ohne Zweifel noch besser, als wenn jedermann von Teilnehmung und Wohlwollen schwatzt, auch sich beeifert, gelegentlich dergleichen auszuüben, dagegen aber auch, wo *er* nur kann, betrügt, das Recht der Menschen verkauft, oder ihm sonst Abbruch tut. Aber, obgleich es möglich ist, daß nach jener Maxime ein allgemeines Naturgesetz wohl bestehen könnte: so ist es doch unmöglich, zu wollen, daß ein solches Prinzip als Naturgesetz allenthalben gelte. Denn ein Wille, der dieses beschlösse, würde sich selbst widerstreiten, indem der Fälle manche sich doch eräugnen können, wo er anderer Liebe und Teilnehmung bedarf, und wo er, durch ein solches aus seinem eigenen Willen entsprungenes Naturgesetz, sich selbst alle Hoffnung des Beistandes, den er sich wünscht, rauben würde. (Gr. BA 56 = 423)

Eine vordergründige Verallgemeinerung der Maxime »Wenn jemand in Not gerät, will ich nichts zu seiner

Hilfe beitragen« würde zu dem Ergebnis führen: Ich kann dies nicht wollen, weil ich ja selbst einmal in Not geraten könnte, und mir dann auch keiner hülfe. Diese Sicht ist sicher nicht falsch. Auch Kants Erwähnung von Fällen, in denen ich selbst Hilfe bräuchte und dann keine hätte, gibt dem sicher recht.

Aber: Das würde bedeuten, daß meine Hilfestellung für den Fremden in Not den *Zweck* hätte, daß mir selbst einmal geholfen würde. Ein Zweck paßt aber mehr zum hypothetischen Imperativ, wie wir gesehen haben. Dann wäre Kants viertes Beispiel nichts anders als: *Wenn du willst, daß dir einmal in Not geholfen wird, mußt du selbst Menschen in Not helfen!* Ein solcher Satz steht aber auf derselben Stufe wie der Satz: Wenn du gut Klavier spielen willst, mußt du täglich eine Stunde üben.

Dies kann Kant nicht gemeint haben, trotz seiner ungeschickten Formulierung. Deshalb müssen wir ein wenig von der Oberfläche weg und in die Tiefe eintauchen.

Ein *erster Gedanke* betrifft den Begriff des Zweckes. Jeder Mensch, der handelt, verfolgt Zwecke. Grundsätzlich handeln zu können, heißt grundsätzlich Zwecke verfolgen zu können. Da die Möglichkeit des Handeln-Könnens zum Menschsein dazugehört, gehört auch die Möglichkeit des Zwecke-Setzens zum Menschsein dazu. Insofern hat der Zweck des Klavierspielen-Könnens eine andere Qualität als das grundsätzliche Zweck-Setzen-Können.

Ein *zweiter Gedanke* betrifft die Notwendigkeit und die Allgemeinheit des Zweckes, der philosophisch Fortgeschrittene wird sagen, die Apriorität des Zweckes.

Niemand wird nun allen Ernstes behaupten, daß das Klavierspiel notwendig und allgemein zum Menschsein dazugehört, dagegen das Handeln-Können oder Zwecke-Setzen-Können sehr wohl.

Ein *dritter Gedanke* bezieht sich auf den Menschen, der Zwecke betreibt. Nehmen wir an, der Kandidat für den Meisterpianisten ist Sohn Fritz. Es ist doch so, daß weder aus dem Begriff »Sohn« noch aus dem Begriff »Fritz« a priori die Notwendigkeit des Klavierspielens hervorgeht.

Dagegen ist die Hilfsbedürftigkeit des Menschen ein Faktum. Ebenso, wie aus dem Begriff »Schimmel« die Begriffe »Pferd« und »weiß« apriorisch hervorgehen, geht aus dem Begriff des endlichen Wesens Mensch a priori die zwangsläufig auftretende Bedürftigkeit hervor. Dies ist spätestens dann der Fall, wenn das endliche Wesen Mensch sich dem letzten Punkt seiner Endlichkeit, dem Tod, nähert.

Wenn Kant sagt, daß die vierte Person durch die Verallgemeinerung der Maxime, Hilfe zu verweigern, »sich selbst alle Hoffnung des Beistandes, den er sich wünscht, rauben würde«, meint er damit sicher nicht einen möglichen Einzelfall des Beistandes beim Ertrinken, sondern einen grundsätzlichen Beistand für die Bedürftigkeit unseres Menschseins.

***

Das waren sie, die berühmten vier Beispiele Kants aus der ›Grundlegung‹. Die ersten beiden hatten die Aufgabe zugeteilt bekommen, bei der Verallgemeinerung ihrer Maximen die Unmöglichkeit im Denken zu veranschaulichen, die letzten beiden, die Unmöglichkeit im Denken *und* Wollen zu verdeutlichen.

Auch wenn Kant, wie wir bereits betont haben, diese Unterscheidung in seinen späteren Schriften nicht mehr aufgegriffen hat, bleibt es doch beeindruckend zu sehen, welch vorzügliches Instrument der kategorische Imperativ für das Aufzeigen von Widersprüchen innerhalb der eigenen Gesinnung darstellt.

Am Schluß noch eine Beobachtung, die nicht ganz unwichtig ist. Vielleicht ist dem Leser aufgefallen, daß alle Beispiele negativ enden, d.h. es wird die Unsittlichkeit ihrer zugrunde liegenden Maximen aufgezeigt. An keiner Stelle wird beschrieben, welches Handeln richtig oder sittlich ist, sondern nur, welche Maximen widersprüchlich und nicht verallgemeinerungsfähig sind. Man kann auf eine mögliche Sittlichkeit höchstens von der Umkehrung der verbotenen Maxime ins Gegenteil schließen.

Der Grund hierfür liegt in der äußerst wichtigen Denkvoraussetzung Kants, daß mögliche Wirkungen des Sittengesetzes nicht mit unseren Sinnen dingfest gemacht werden können. Die Unmöglichkeit der Verallgemeinerung von Maximen schließt zwar Widersprüche im Nicht-Tun-Dürfen aus, stellt aber noch lange keine Garantiebestätigung dar, daß hinter der Handlung auch wirklich eine sittliche Gesinnung steckt. Kant verwendet an anderer Stelle das für ihn seltene Wort »moralisch echt«, indem er von der Maxime sagt:

Diese ist also nur alsdenn moralisch echt, wenn sie auf dem bloßen Interesse, das man an der Befolgung des Gesetzes nimmt, beruht. (KpV A 141)

Dieses Interesse, was wir schon als *Achtung für das Gesetz* kennengelernt haben, kann ich nicht wahrnehmen, geschweige denn nachweisen.

Der kategorische Imperativ:
Dritte Formel

Die Widersprüche im Denken und im Wollen sind aufgezeigt, vor allem ist geklärt, was Pflicht sein soll:

Pflicht soll praktisch-unbedingte Notwendigkeit der Handlung sein; sie muß also für alle vernünftigen Menschen (auf die nur überall ein Imperativ treffen kann) gelten, und *allein darum* auch für allen menschlichen Willen ein Gesetz sein. (Gr.BA 59 = 425)

Kant zieht eine Zwischenbilanz und leitet damit zur nächsten Formulierung des kategorischen Imperativs über:

Der Wille wird als ein Vermögen gedacht, *der Vorstellung gewisser Gesetze gemäß* sich selbst zum Handeln zu bestimmen. Und ein solches Vermögen kann nur in vernünftigen Wesen anzutreffen sein. Nun ist das, was dem Willen zum objektiven Grunde seiner Selbstbestimmung dient, der *Zweck,* und dieser, wenn er durch bloße Vernunft gegeben wird, muß für alle vernünftige Wesen gleich gelten. Was dagegen bloß den Grund der Möglichkeit der Handlung enthält, deren Wirkung Zweck ist, heißt das *Mittel.* Der subjektive Grund des Begehrens ist die *Triebfeder,* der objektive des Wollens der *Bewegungsgrund;* daher der Unterschied zwischen subjektiven Zwecken, die auf Triebfedern beruhen, und objektiven, die auf Bewegungsgründe ankommen, welche für jedes vernünftige Wesen gelten. Praktische Prinzipien sind *formal,* wenn sie von allen subjektiven Zwecken abstrahieren; sie sind aber *material,* wenn sie diese, mithin gewisse Triebfedern, zum Grunde legen. Die Zwecke, die sich ein vernünftiges Wesen als *Wirkungen* seiner Handlung nach Belieben vorsetzt (materiale Zwecke), sind insgesamt nur relativ; denn nur bloß ihr Verhältnis auf ein besonders geartetes Begehrungsvermögen des Subjekts gibt ihnen den Wert, der daher keine allgemeine für alle vernünftige Wesen, und auch nicht für jedes Wollen gültige und notwendige Prinzipien, d.i. praktische Gesetze, an die Hand geben kann. Daher sind alle diese relative Zwecke nur der Grund von hypothetischen Imperativen.

Gesetzt aber, es gäbe etwas, *dessen Dasein an sich selbst* einen absoluten Wert hat, was, als *Zweck an sich selbst*, ein Grund bestimmter Gesetze sein könnte, so würde in ihm, und nur in ihm allein, der Grund eines möglichen kategorischen Imperativs, d.i. praktischen Gesetzes, liegen. (Gr.BA 63 f. = 427 f.)

Die beiden Begriffe, welche für die Überleitung zur nächsten Formel des kategorischen Imperativs gebraucht werden, sind *Zweck* und *Mittel*. Wir kennen sie bereits vom hypothetischen Imperativ her: Wenn ich den Zweck A (Klavierspielen) will, muß ich das Mittel B (tägliches Üben) tun. A ist ein materialer Zweck, er kann durch einen anderen ersetzt werden, z.B. Reitenlernen. A ist ein subjektiver Zweck, er gilt nur für den musikalisch oder sportlich Interessierten. Ferner ist A ein relativer Zweck, er hat seinen Wert nur in Beziehung (= Relation) auf »ein besonders geartetes Begehrungsvermögen des Subjekts«.

Alle materialen Zwecke, die es nur geben kann, benötigen unterschiedliche Mittel zu ihrer Erreichung und unterliegen deshalb eindeutig dem hypothetischen Imperativ. Kein einziger materialer Zweck kann deshalb *Zweck an sich* sein.

Nun stellt Kant die Behauptung auf, es gibt einen Zweck an sich, und das ist der Mensch. Wie können wir das verstehen? Wir versuchen zwei Antworten.

a) Die These vom Selbstzweck des Menschen klang

andeutungsweise bereits bei der Behandlung von Kants Beispiel Nr. 4 an: Zweck-an-sich-Sein wäre danach das Grundsätzliche des Menschseins, Zwecke überhaupt setzen zu können, d.h. handeln zu können.

b) Jeder Mensch steht und stand zu aller Zeit in der Gefahr, als Mittel zum Zweck mißbraucht zu werden. Gerade in unserer Zeit fällt es nicht schwer, diesen Mißbrauch zu sehen: sei es in der Arbeitswelt, in der Massenentlassungen an der Tagesordnung sind und der einzelne Mensch als ein kleines Rädchen abgeschrieben wird, wenn er für den Zweck des Funktionierens der Wirtschaft nicht mehr das richtige Mittel ist, oder sei es im alltäglichen Umgang untereinander, wo oft eine Partnerschaft nur solange das richtige Beziehungsmittel ist, wie der Zweck des Lebensgenusses anhält.

Vielleicht verstehen wir Kants dritte Formel des kategorischen Imperatives jetzt besser; sie lautet:

Handle so, daß du die Menschheit, sowohl in deiner Person, als in der Person eines jeden andern, jederzeit zugleich als Zweck, niemals bloß als Mittel brauchest. (Gr.BA 66 = 429)

Im folgenden spielt Kant nun diese Formulierung des kategorischen Imperativs, daß nicht nur ich als Mensch ein »Zweck an sich« bin, sondern auch der Mitmensch und die Menschheit als Ganzes, in seinen vier Beispielen durch (Gr.BA 67 ff. = 429 ff):

Beispiel 1: Der Selbstmörder, der seinem beschwerlichen Zustand entfliehen möchte, bedient sich nach Kants Worten »einer Person (und zwar sich selbst), bloß als eines *Mittels* zur Erhaltung eines erträglichen Zustandes bis zum Ende des Lebens«. Da der Mensch keine Sache ist, kann ich »über den Menschen in meiner Person *nicht* disponieren«, also ihn töten.

Beispiel 2: Bei dem Lügner mit dem falschen Versprechen ist es noch deutlicher. Auch er bedient sich des anderen, der ihm das Geld leiht, als Mittel zu seinem Zweck.

Noch deutlicher, meint Kant weiterhin, ist dies der Fall bei Angriffen auf Freiheit und Eigentum anderer. Ich benutze die Person oder das Gut eines anderen, um selber Vorteile zu erlangen: er ist Mittel meines Zweckes.

Beispiel 3: Talente sind Anlagen zu größerer Vollkommenheit, die dem »Zwecke der Natur« der Menschen dienen; in unseren Worten: die unser Menschsein in seiner Vielfalt erst ermöglichen. Die Vernachlässigung der Anlagen würde zwar die Erhaltung der Menschheit als Zweck an sich selbst nicht gefährden, aber doch erheblich die »Beförderung dieses Zweckes (an sich selbst)«.

Beispiel 4: Wer Hilfe verweigert, verkennt den »Naturzweck, den alle Menschen haben, ihre eigene Glückseligkeit«. Er würde anderen das Zwecke-Setzen-Können, das Handeln-Können verweigern, das zu seinem Menschsein gehört. Diese Möglichkeit ist aber auch meine Lebensermöglichung als Zweck-an-sich.

Der kategorische Imperativ:
Vierte und fünfte Formel

Diese beiden neuen Formeln bringen nicht viel wesentlich Neues. Das soll aber nicht heißen, daß etwa ihr Anliegen unwesentlich sei. Im Gegenteil, denn das Anliegen der Autonomie des Willens, bei den Formeln 4 und 5 nennt Kant es gern die Selbstgesetzgebung des Willens, bekommt im folgenden einen eigenen Abschnitt zugebilligt. Daher erscheint die stiefmütterliche Behandlung der beiden Formeln an dieser Stelle als angebracht.

Der Anfänger, der Schwierigkeiten hat, kann *notfalls* zum nächsten Kapitel springen. Aber wirklich nur notfalls, für den Fall der Not, sich mit dem Verstehen schwer zu tun.

Nach den Ausführungen über das Zweck/Mittel-Verhältnis läßt Kant eine weitere Absage an die Erfahrung folgen: Erfahrung kann zwar für subjektive Zwecke tauglich sein, aber auf keinen Fall darf sie als objektiver Zweck herhalten.

Erst recht darf kein Interesse oder sonstiger »Reiz« den vernünftigen Willen bestimmen. Nein, eine sittliche Handlung wird allein der »Idee des Willens jedes vernünftigen Wesens als eines allgemein gesetzgebenden Willens« unterworfen (Gr.BA 70 = 431).

Diese Unterwerfung ist somit nicht nur eine negative (der Wille hat sich dem Gesetz zu unterwerfen), sondern vor allem eine positive: Der Wille tritt nach der Maximenbestimmung als *selbstgesetzgebend* auf.

Aus diesem Grund kann Kant sagen, »Moralität besteht also in der Beziehung aller Handlung auf die Gesetzgebung« (Gr.BA 75 = 434). In diesem Sinne lautet dann die vierte Formel des kategorischen Imperativs:

[Handle] ... *nur so, daß der Wille durch seine Maxime sich selbst zugleich als allgemein gesetzgebend betrachten könne.* (Gr.BA 76 = 434)

Diese Formel bringt insofern wenig Neues, weil sie sich stark an die Formel 1 anlehnt. Formel 4 streicht nur stärker heraus, was in Formel 1 schon enthalten ist: Nötigung und Zwang gehen vom eigenen Willen aus.

Diese Formel hat auch die größte Nähe zu der einzigen Formulierung des kategorischen Imperativs, die in der ›Kritik der praktischen Vernunft‹ zu finden ist. Dort heißt sie:

§ 7. *Grundgesetz*
der reinen praktischen Vernunft

Handle so, daß die Maxime deines Willens jederzeit zugleich als Prinzip einer allgemeinen Gesetzgebung gelten könne. (KpV A 54)

Das Stichwort von der Selbstgesetzgebung ist auch in der fünften und letzten Formulierung enthalten, die Kant anführt, um seinen sittlichen Imperativ zu erläutern:

Demnach muß ein jedes vernünftiges Wesen so handeln, als ob es durch seine Maximen jederzeit ein gesetzgebendes Glied im allgemeinen Reiche der Zwecke wäre. (Gr.BA 83 = 438)

In dieser Formulierung taucht nun ein letzter Begriff auf, der einer Klärung bedarf: Das Reich der Zwecke.

Was Kant darunter versteht, erklärt er selbst:

Der Begriff eines jeden vernünftigen Wesens, das sich durch alle Maximen seines Willens als allgemein gesetzgebend betrachten muß, um aus diesem Gesichtspunkte sich selbst und seine Handlungen zu beurteilen, führt auf einen ihm anhängenden sehr fruchtbaren Begriff, nämlich den eines *Reichs der Zwecke*.

Ich verstehe aber unter einem *Reiche* die systematische Verbindung verschiedener vernünftiger Wesen durch gemeinschaftliche Gesetze. Weil nun Gesetze die Zwecke ihrer allgemeinen Gültigkeit nach bestimmen, so wird, wenn man von dem persönlichen Unterschiede vernünftiger Wesen, imgleichen allen Inhalten ihrer Privatzwecke abstrahiert, ein Ganzes aller Zwecke (sowohl der vernünftigen Wesen als Zwecke an sich, als auch der eigenen Zwecke, die ein jedes sich selbst setzen mag), in systematischer Verknüpfung, d.i. ein Reich der Zwecke gedacht werden können, welches nach obigen Prinzipien möglich ist.

Denn vernünftige Wesen stehen alle unter dem *Gesetz*, daß jedes derselben sich selbst und alle andere *niemals bloß als Mittel*, sondern jederzeit *zugleich als Zweck an sich* selbst behandeln solle. Hiedurch aber entspringt eine systematische Verbindung vernünftiger Wesen durch gemeinschaftliche objektive Gesetze, d.i. ein Reich, welches, weil diese Gesetze eben die Beziehung dieser Wesen auf einander, als Zwecke und Mittel, zur Absicht haben, ein Reich der Zwecke (freilich nur ein Ideal) heißen kann. (Gr.BA 74 f. = 433)

Hier haben wir ein Spiegelbild von Kants moralischem Ideal: eine Gemeinschaft vernünftiger Wesen, wo keiner den anderen als Mittel zum Zweck betrachtet und wo der Mensch die Würde des Selbstzweckes besitzt; wo der sittliche Mensch Glied einer idealen Willensgemeinschaft ist; wo zwar von den Privatzwecken inhaltlich abstrahiert wird, wo diese aber (wenn sie mit dem allgemeinen Sittengesetz vereinbar sind) eingebettet sind in den Rahmen des Ganzen, des systematischen Reiches der Zwecke.

Autonomie und Freiheit:
Der letzte Grund des kategorischen Imperativs

Wollten wir den Versuch unternehmen, die Moralphilosophie Kants in drei thematischen Blöcken darzustellen, was zwar etwas gewaltsam, aber doch recht hilfreich wäre, würden die drei Gliederungsblöcke lauten:
– Das schlechthin Gute
– Der kategorische Imperativ
– Die Autonomie des Willens.

Da wir am dritten Block angelangt sind, klären wir kurz, was Autonomie heißt.

Das Wort *Autonomie* kommt aus dem Griechischen: *autos* = selbst, *nomos* = das Gesetz, die Gesetzlichkeit. Autonom handle ich, wenn ich meine eigenen Handlungen bestimme. Autonomie bedeutet demnach Selbstgesetzgebung oder Selbstbestimmung.

Der Gegenbegriff dazu heißt *Heteronomie* und spielt bei der Lektüre des folgenden Textabschnittes eine erhebliche Rolle. Heteronomie bedeutet Fremdbestimmung, weil ich meine Handlungen durch einen anderen als mich oder durch ein anderes Gesetz als mein eigenes bestimmen lasse *(heteros/on,* der/das andere).

Zurück zu unserem Gedankengang.

Es ist nun nicht so, daß Kant jetzt erst beginnt, den dritten Block, den der Autonomie des Willens, darzustellen und einzufügen. Im Gegenteil: der Gedanke von der Autonomie des Willens ist bereits in den letzten beiden Formulierungen des kategorischen Imperativs enthalten, er ist in den vorhergehenden zu vorigen Ausführungen stets vorausgesetzt und er schwebt als Kants ureigenstes Geistesprodukt wie ein riesiger Meteor über dem philosophischen Gedankenhimmel Kants.

Wer Kants erste Kritik, die ›Kritik der reinen Vernunft‹, etwas kennt, weiß auch, wie der Meteor am Himmel heißt: Er trägt denselben Namen wie das, was als »Kopernikanische Wende« in die Philosophiegeschichte eingegangen ist.

Wer die Lektüre Kants erst mit diesem Buch begonnen hat, soll eine kleine Hilfestellung bekommen. Wer unseren Band über die ›Kritik der reinen Vernunft‹ (dtv 4662) gelesen hat, kann diese Ausführungen als Wiederholung betrachten.

Die Kopernikanische Wende
Bisher nahm man in der Frage nach der menschlichen Erkenntnis an, daß sich unser Bewußtsein nach den Dingen richte. Je mehr Dinge ich sehe und erkenne, desto mehr wird mein Bewußtsein – wie ein Faß – gefüllt und verändert. Dieses Denken wird nun von Kant »revolutioniert«. Die Kopernikanische Wende führt jetzt zur gegenteiligen Behauptung, daß sich die Gegenstände der Erkenntnis nach unserem Bewußtsein richten; die Radikalität dieser neuen Einsicht ist ähnlich wie die des Kopernikus, der erkannte, daß sich nicht die Sonne um die Erde drehe, sondern die Erde um die Sonne.

Kant behauptet also – er nennt es ein Gedankenexperiment der Vernunft –, der Verstand sei das zentrale Maß aller Erkenntnis, um das sich die erkannten Gegenstände drehen, und zwar so, wie wir sie jetzt sehen, und nicht, wie auch immer sie in Wirklichkeit sein mögen.

Vielleicht läßt sich der Gedanke, daß sich die Gegenstände um unsere Erkenntnis drehen, noch einfacher so erläutern: Der Verstand prägt wie ein Stempel seine eigenen Anschauungsformen in das Rohmaterial der sinnlichen Wahrnehmung hinein und findet diese in der Wahrnehmung wieder. *Der Verstand schreibt den sinnlichen Eindrücken die Gesetze vor, in denen ich sie wahrnehmen kann.*

In der praktischen Philosophie gilt nun dasselbe! Die Vernunft erläßt selbstgesetzgebend die sittlichen Vorschriften, denen ich mich als vernünftiges Wesen unterwerfen muß. Autonomie des Willens heißt kurz gesagt: Wir machen die Gesetze, denen wir gehorchen.

Ein erstes Beispiel: Ich nehme mir fest vor, kleine Bosheiten im täglichen Umgang mit der Familie zu unterlassen, und beschließe, diesem meinem eigenen Gebot zu gehorchen. Dieser Akt des Gehorsams dem eigenen Gesetz gegenüber ist eine Handlung in Autonomie und Freiheit.

Diese Erkenntnis, dem eigenen Gesetz gehorchen zu können, ist dieselbe, die wir als die logische Konsequenz aus der Kopernikanischen Wende kennengelernt haben.

Wir vertiefen diesen Gedanken noch etwas.

Nachdem wir gesehen haben, daß die Frage Kants nach dem obersten Prinzip der Moralität mit dem kategorischen Imperativ beantwortet wurde, muß jetzt die Frage aufgeworfen werden: Was ist die Voraussetzung dafür, überhaupt moralisch handeln zu können, d.h. dem kategorischen Imperativ gehorchen zu können?

Die Antwort ist: Ich bin frei, ich kann meinen Willen selbst bestimmen, im Gegensatz zum Tier.

Ein zweites Beispiel: Ein Hund ist an seinen Instinkt und an seinen Trieb gebunden; wenn er Hunger hat, kann er nicht anders als zum Freßnapf laufen. Der Mensch ist zwar auch an Triebe gebunden, hat aber durch seine Vernunft darüber hinaus die Möglichkeit, seinen Willen in *autonomer* Weise zu bestimmen: Nein, ich will abnehmen und esse einen Tag lang nichts.

Nun ist es aber so, daß nicht nur das Tier heteronom bestimmt wird. Deshalb untersucht Kant die Bedeutung von Heteronomie und Autonomie für die Sittlichkeit des Menschen.

Voraussetzung dafür, überhaupt moralisch handeln zu können, ist die Tatsache, meinen Willen selbst zu bestimmen. Wie die Selbstbestimmung bei dem Willen, einen Tag lang zu fasten, um abzunehmen, aussieht, ist hier uninteressant. Uns interessiert der moralische Wille: Worin besteht seine Struktur?

Wir folgen ganz langsam Kants Schritten.

Dabei wird es besser sein, die ›Grundlegung‹ zu verlassen, sie ist in ihrem Schlußteil etwas unübersichtlich. Hingegen bietet uns ab jetzt die ›Kritik der praktischen Vernunft‹ eine kompaktere Gedankenführung.

1. Die Materie des Willens
Bei der jetzt anstehenden Untersuchung der Struktur des Willens stehen die beiden Begriffe *Materie* und *Form* des Willens im Mittelpunkt des Interesses:

§ *2. Lehrsatz I*

Alle praktischen Prinzipien, die ein *Objekt* [Materie] des Begehrungsvermögens, als Bestimmungsgrund des Willens, voraussetzen, sind insgesamt empirisch und können keine praktische Gesetze abgeben.

Ich verstehe unter der Materie des Begehrungsvermögens einen Gegenstand, dessen Wirklichkeit begehrt wird. Wenn die Begierde nach diesem Gegenstande nun vor der praktischen Regel vorhergeht, und die Bedingung ist, sie sich zum Prinzip zu machen, so sage ich (erstlich): dieses Prinzip ist alsdenn jederzeit empirisch. Denn der Bestimmungsgrund der Willkür ist alsdenn die Vorstellung eines Objekts, und dasjenige Verhältnis derselben zum Subjekt, wodurch das Begehrungsvermögen zur

Wirklichmachung desselben bestimmt wird. Ein solches Verhältnis aber zum Subjekt heißt die *Lust* an der Wirklichkeit eines Gegenstandes. Also müßte diese als Bedingung der Möglichkeit der Bestimmung der Willkür vorausgesetzt werden. Es kann aber von keiner Vorstellung irgend eines Gegenstandes, welche sie auch sei, a priori erkannt werden, ob sie mit *Lust* oder *Unlust* verbunden, oder *indifferent* sein werde. Also muß in solchem Falle der Bestimmungsgrund der Willkür jederzeit empirisch sein, mithin auch das praktische materiale Prinzip, welches ihn als Bedingung voraussetzte.

Da nun (zweitens) ein Prinzip, das sich nur auf die subjektive Bedingung der Empfänglichkeit einer Lust oder Unlust (die jederzeit nur empirisch erkannt, und nicht für alle vernünftige Wesen in gleicher Art gültig sein kann) gründet, zwar wohl für das Subjekt, das sie besitzt, zu ihrer *Maxime,* aber auch für diese selbst (weil ihm an objektiver Notwendigkeit, die a priori erkannt werden muß, mangelt) nicht zum *Gesetze* dienen kann, so kann ein solches Prinzip niemals ein praktisches Gesetz abgeben. (KpV A 38 f.)

Wir wollen dies mit Beispielen verdeutlichen. Nehme ich z.B. als Materie meines Begehrens das liebe Geld, will ich, daß auch die Wirklichkeit des Reichtums begehrt wird. Mache ich daraus als praktisches Prinzip die Maxime »So oft ich kann, will ich mein Geld vermehren«, sehe ich, daß diese kein praktisches Gesetz abgeben kann. Praktisch heißt hier wohlgemerkt: es ist kein durch die Vernunft a priori bestimmtes Gesetz.

Warum kann dies Prinzip kein praktisches Gesetz sein? Weil es ein empirisches Prinzip ist; es ist der Erfahrung entnommen. Denn die Lust auf Geld bestimmt nicht a priori meinen Willen. A priori heißt bekanntlich *notwendig* und *allgemein*.

Kann die Lust auf Geld *notwendig* meinen Willen

bestimmen? Nein. Bin ich verliebt, lehrt die Erfahrung mich anderes. Habe ich Krebs und bin todkrank, lehrt sie mich wieder anderes.

Kann die Lust auf Geld *allgemein* den Willen bestimmen? Wiederum nein, sie gilt nicht für alle vernünftigen Wesen gleichermaßen. Es soll auch Ärzte ohne Lohn in der Entwicklungshilfe geben oder Mönche ohne Einkommen in der Klosterzelle.

Kant faßt zusammen: Jede Materie des Willens ist empirisch, die Willensbestimmung durch eine Materie gehorcht dem Prinzip der Heteronomie, egal ob die Materie Geld, Macht, Essen oder Vergnügen heißt.

(Im folgenden scheidet Kant neben den Objekten des »unteren Begehrungsvermögens« als Materie noch die Objekte eines »oberen Begehrungsvermögens« aus, ferner das Streben nach Glück. Zu diesem oberen Begehrungsvermögen gehören beispielsweise geistig-intellektuelle Freuden; auch sie verschaffen Lust, zwar in einem höheren Sinn, sind aber trotzdem rein empirische Freuden. Ebenso verhält es sich mit dem natürlichen Streben des Menschen nach Glück. Glück kann man nicht kategorisch gebieten, da es zum menschlichen Grundstreben gehört; aber es ist nun einmal die Summe aller Neigungen und Bedürfnisse, und somit empirisch und inhaltlich-material bedingt.)

2. *Die Form des Willens oder der Formalismus*
Im § 4 der ›Kritik der praktischen Vernunft‹ wiederholt Kant seine scharfe Ablehnung jeder materialen Regel; sie taugt nicht als praktisches, d.h. vernunftgeprägtes Gesetz oder Bestimmungsgrund des Willens. So fährt er fort:

Nun bleibt von einem Gesetze, wenn man alle Materie, d.i. jeden Gegenstand des Willens (als Bestimmungsgrund) davon absondert, nichts übrig, als die bloße *Form* einer allgemeinen Gesetzgebung. (KpV A 48)

Die Folge ist, daß entweder meine materiale Maxime nicht zum allgemeinen Gesetz taugt, oder daß es die *Form* ist, welche die Gesetzgebung erst (allerdings nach der Prüfung durch den kategorischen Imperativ) ermöglicht.

Kant führt dafür ein Beispiel an, das recht griffig ist und keiner Erläuterung bedarf.

Anmerkung

Welche Form in der Maxime sich zur allgemeinen Gesetzgebung schicke, welche nicht, das kann der gemeinste Verstand ohne Unterweisung unterscheiden. Ich habe z.B. es mir zur Maxime gemacht, mein Vermögen durch alle sichere Mittel zu vergrößern. Jetzt ist ein *Depositum* in meinen Händen, dessen Eigentümer verstorben ist und keine Handschrift darüber zurückgelassen hat. Natürlicherweise ist dies der Fall meiner Maxime. Jetzt will ich nur wissen, ob jene Maxime auch als allgemeines praktisches Gesetz gelten könne. Ich wende jene also auf gegenwärtigen Fall an, und frage, ob sie wohl die Form eines Gesetzes annehmen, mithin ich wohl durch meine Maxime zugleich ein solches Gesetz geben könnte: daß jedermann ein Depositum ableugnen dürfe, dessen Niederlegung ihm niemand beweisen kann. Ich werde sofort gewahr, daß ein solches Prinzip, als Gesetz, sich selbst vernichten würde, weil es machen würde, daß es gar kein Depositum gäbe. Ein praktisches Gesetz, was ich dafür erkenne, muß sich zur allgemeinen Gesetzgebung qualifizieren; dies ist ein identischer Satz und also für sich klar. Sage ich nun, mein Wille steht unter einem praktischen *Gesetze,* so kann ich nicht meine Neigung (z.B. im gegenwärtigen Falle meine Habsucht) als den zu einem allgemeinen praktischen Gesetze schicklichen Bestimmungsgrund desselben anführen; denn diese, weit gefehlt, daß sie zu einer allgemeinen Gesetzgebung tauglich sein sollte, so muß sie vielmehr in der Form eines allgemeinen Gesetzes sich selbst aufreiben. (KpV A 49)

Wir behalten dies Beispiel im Auge, wir kommen gleich darauf zurück.

Warum die Materie des Willens nicht zum Gesetz taugt, ist inzwischen klar. Warum aber die Form? Kants Antwort ist wichtig:

§ 5. Aufgabe 1

Vorausgesetzt, daß die bloße gesetzgebende Form der Maximen allein der zureichende Bestimmungsgrund eines Willens sei: die Beschaffenheit desjenigen Willens zu finden, der dadurch allein bestimmbar ist.

Da die bloße Form des Gesetzes lediglich von der Vernunft vorgestellt werden kann, und mithin kein Gegenstand der Sinne ist, folglich auch nicht unter die Erscheinungen gehört: so ist die Vorstellung derselben als Bestimmungsgrund des Willens von allen Bestimmungsgründen der Begebenheiten in der Natur nach dem Gesetze der Kausalität unterschieden, weil bei diesen die bestimmenden Gründe selbst Erscheinungen sein müssen. Wenn aber auch kein anderer Bestimmungsgrund des Willens für diesen zum Gesetz dienen kann, als bloß jene allgemeine gesetzgebende Form: so muß ein solcher Wille als gänzlich unabhängig von dem Naturgesetz der Erscheinungen, nämlich dem Gesetz der Kausalität, beziehungsweise auf einander, gedacht werden. Eine solche Unabhängigkeit aber heißt *Freiheit* im strengsten, d.i. transzendentalen Verstande. Also ist ein Wille, dem die bloße gesetzgebende Form der Maxime allein zum Gesetz dienen kann, ein freier Wille. (KpV A 51)

Nehmen wir jetzt Kants Beispiel von der Ableugnung des Depositums (eines verwahrten Gutes oder Geldbetrages) nochmals her: Die Handschrift der Beurkundung, das Versterben des Eigentümers und die Vergrößerung meines Vermögens sind allesamt Ereignisse, die Kant unter die Erscheinungen rechnet. Selbst das habgierige Vergrößern meines Vermögens ist eine Erscheinung; es ist ein mit den Sinnen wahrnehmbarer Ablauf.

Dagegen ist die formale Überlegung, daß die Verallgemeinerung der Maxime (des Vermögensvergrößerns um jeden Preis) keinesfalls als allgemeines Gesetz gedacht werden kann, eine Leistung der Vernunft. Diese Tätigkeit der Vernunft ist nicht mit den Sinnen wahrnehmbar, sie ist keine Erscheinung.

Das Formalgerüst dieser Überlegung (Ich kann nicht wollen, daß das Einbehalten von geschuldetem Geld ein Gesetz wird) *kann nicht aus irgendeiner Kausalität der Natur kommen! Es kommt aus dem freien Willen und heißt Freiheit.*

3. Freiheit als Autonomie
Allein der Mensch als vernünftiges Wesen ist fähig, dank seiner Möglichkeit, die Form für sein eigenes Gesetz erschaffen zu können, sich über alle Erscheinungen zu erheben und die Kausalitätsabläufe in der Natur hinter sich zu lassen. So liegt das Ergebnis, zu dem Kant gelangt, klar auf der Hand: *Moralität und Sittlichkeit haben ihren Ursprung in der Freiheit.*

Freiheit aber wird von Kant in einem doppelten Sinn verstanden. Die folgende Textstelle erläutert dies, indem sie die Begriffe Autonomie und Heteronomie noch einmal aufgreift.

§ 8. Lehrsatz IV

Die *Autonomie* des Willens ist das alleinige Prinzip aller moralischen Gesetze und der ihnen gemäßen Pflichten; alle *Heteronomie* der Willkür gründet dagegen nicht allein gar keine Verbindlichkeit, sondern ist vielmehr dem Prinzip derselben und der Sittlichkeit des Willens entgegen. In der Unabhängigkeit nämlich von aller Materie des Gesetzes (nämlich einem begehrten Objekte) und zugleich doch Bestimmung der Willkür durch die bloße allgemeine gesetzgebende Form, deren eine Maxime fähig sein muß, besteht das alleinige Prinzip der Sittlichkeit. Jene *Unabhängigkeit* aber ist Freiheit im *negativen,* diese eigene Gesetzgebung aber der reinen, und, als solche, praktischen Vernunft ist Freiheit im *positiven* Verstande. Also drückt das moralische Gesetz nichts anderes aus, als die *Autonomie* der reinen praktischen Vernunft, d.i. der Freiheit, und diese ist selbst die formale Bedingung aller Maximen, unter der sie allein mit dem obersten praktischen Gesetze zusammenstimmen können. Wenn daher die Materie des Wollens, welche nichts anderes, als das Objekt einer Begierde sein kann, die mit dem Gesetz verbunden wird, in das praktische Gesetz als *Bedingung der Möglichkeit desselben* hineinkommt, so wird daraus Heteronomie der Willkür, nämlich Abhängigkeit vom Naturgesetze, irgend einem Antriebe oder Neigung zu folgen, und der Wille gibt sich nicht selbst das Gesetz ... (KpV A 58 f.)

Freiheit im »negativen Verstande« und im »positiven Verstande« verlangen eine Erläuterung.

Negativ gesehen ist Freiheit das Nein zu materialen Bestimmungsgründen. Nur weil ich frei bin, kann ich Nein sagen zu der Steigerung meines Lebensgenusses durch betrügerische Versprechungen.

Positiv gesehen ist Freiheit die Möglichkeit, von mir aus, kraft meiner Vernunft, ein formales Gesetz zu schaffen, dem ich gehorchen kann. Nur weil ich frei bin, kann ich das formale Gesetz mit Hilfe des kategorischen Imperativs beschließen, an dem ich meine Maxime der Steigerung des Lebensgenusses messe.

Somit ist ein Gesetz, das die praktische Vernunft sich selbst gibt, keine Einschränkung von Freiheit, sondern ihr Wesen und ihre Möglichkeit zu wirken.

Dieser Gedanke ist nicht neu, Kant hat ihn nicht erfunden. Schon Jean-Jacques Rousseau hat in seinem bekannten ›Contrat social‹ (Vom Gesellschaftsvertrag) diesen Gedanken vertreten, indem er den »Antrieb des reinen Begehrens« Sklaverei nennt, demgegenüber der »Gehorsam gegen das selbstgegebene Gesetz« wahre sittliche Freiheit sei.

Natürlich wissen wir, daß der Mensch die sittliche Freiheit trotz Vernunft nicht als garantierten Besitzstand in Händen hält. Die Gefährdung des Verlustes von Freiheit erleben wir Tag für Tag in unserem persönlichen Leben, denn der Mensch kann sich der stetigen Befolgung des Sittengesetzes wirklich nicht sicher sein, sonst bräuchte er ja keine kategorische Aufforderung mehr.

Was Autonomie des Willens heute heißen kann, hat O. Höffe in seinem Kant-Buch recht treffend beschrieben:

»Autonomie bedeutet, mehr als ein bloßes Bedürfnis – und Gesellschaftswesen zu sein und in dem Mehr – hier liegt Kants Provokation – zu seinem eigentlichen Selbst zu finden, dem moralischen Wesen, der reinen praktischen Vernunft.«

Teil 4

Nachschlag ...
... für Fortgeschrittene

Die Hauptarbeit ist geleistet, die Grundzüge von Kants Moralphilosophie liegen offen. Dies wenigstens ist die Hoffnung des Autors.

Alle Aspekte des kategorischen Imperativs indes abzudecken, ist schlichtweg unmöglich. Der schon etwas Belesenere wird vielleicht dennoch fragen, wo der eine oder andere ethische Gesichtspunkt bleibt. Aus diesem Grunde wollen wir noch die Behandlung zweier Probleme nachtragen, die nicht unwichtig sind, die wir aber dem philosophischen Anfänger nur am Rande anbieten wollen, um den zentralen Teil nicht zu überfrachten.

Dabei wird auf Beispiele verzichtet und rascher, ohne größere Erläuterungen, vorgegangen; wer deshalb dem Folgenden nur mit Schwierigkeiten folgen kann, kann getrost zum Schlußkapitel ›Ein Blick zurück‹ vorspringen.

1. Die Typik

Der Kant-Kenner weiß, daß in der Grundlegung zur ›Metaphysik der Sitten‹ und ›Kritik der praktischen Vernunft‹ die Behandlung des Deduktionsproblems unterschiedlich vorgenommen wird. *(Deduktion* ist das Problem der Rechtfertigung der Gültigkeit des Sittengesetzes.)

Obwohl es klar ist, daß Freiheit und somit auch das gesamte Sittengesetz mit unseren Maßstäben nicht zu beweisen sind, gibt es in der ›Grundlegung‹ Stellen, die zu der Annahme verleiten, Kant wolle doch noch den Beweis dafür antreten.

Denn da Sittlichkeit für uns bloß als *für* vernünftige Wesen zum Gesetz dient, so muß sie auch für alle vernünftigen Wesen gelten, und da sie lediglich aus der Eigenschaft der Freiheit abgeleitet werden muß, so muß auch Freiheit als Eigenschaft des Willens aller vernünftiger Wesen bewiesen werden, und es ist nicht genug, sie aus gewissen vermeintlichen Erfahrungen von der menschlichen Natur darzutun ..., sondern man muß sie als zur Tätigkeit vernünftiger und mit einem Willen begabter Wesen überhaupt beweisen. (Gr.BA 100 = 447 f.)

Natürlich beweist Kant die Freiheit letzten Endes doch nicht, denn am Schluß der ›Grundlegung‹ macht er der menschlichen Vernunft den Vorwurf, die absolute Notwendigkeit eines praktischen Gesetzes nicht begreiflich machen zu können, und kommt zu der pathetisch-schönen Schlußformulierung:

Und so begreifen wir zwar nicht die praktische unbedingte Notwendigkeit des moralischen Imperativs, wir begreifen aber doch seine *Unbegreiflichkeit* ... (Gr.BA 128 = 463)

In der ›Kritik der praktischen Vernunft‹ scheint sich Kant nun endgültig mit dieser Unbegreiflichkeit abgefunden zu haben. Jetzt tritt der Ausdruck vom »Faktum der reinen Vernunft« (KpV A 72) »an die Stelle [der] vergeblich gesuchten Deduktion des moralischen Prinzips« (KpV A 82). Damit hat Kant gleichzeitig die Unableitbarkeit und die Gültigkeit des Sittengesetzes zum Ausdruck gebracht.

Wir halten fest: Aus der Einsicht der ›Grundlegung‹, daß Freiheit »nur« eine Idee der Vernunft ist, »deren objektive Realität an sich zweifelhaft ist« (Gr.BA 114 = 455), wird in der ›Kritik der praktischen Vernunft‹ ein Faktum, das uns an die Hand gegeben ist und »auf eine reine Verstandeswelt Anzeige gibt, ja diese so gar positiv bestimmt ...« (KpV A 47)

Diese positive Bestimmung hat allerdings ihre Tücken, denn es wird damit ein Bezug zwischen dem Bereich der reinen Vernunft und dem Bereich der Anschauungswelt hergestellt. Dafür aber bedarf es einer Vermittlung, da Sinnenwelt und intelligible Welt sich nicht einfach nahtlos aufeinander beziehen können.

Diese Vermittlung leistete in der ›Kritik der reinen Vernunft‹ der Begriff des Schemas oder der Schematismus. Kant scheut sich aber, für die Ethik den Begriff des Schemas zu verwenden (KpV A 121: »wenn dieses Wort hier schicklich ist«) und nennt die Vermittlung »Typik«.

Mit Typik meint Kant folgendes: Ich kann die mögliche Sittlichkeit einer Handlung in ihrem raumzeitlichen Kausalablauf nicht unmittelbar am Sittengesetz ablesen, sondern ich muß sie an der Typik des Naturgesetzes messen. Ich muß die *formale Struktur* der Maxime meiner Handlung an der Naturgesetzlichkeit der Sinnenwelt messen: Soll die Handlung von mir mit derselben Notwendigkeit, die ein Naturgesetz hat, gewollt werden?

Hier aber ist höchste Vorsicht geboten: Praktisches Gesetz und das Ergebnis dieser vergleichenden Überlegung sind nicht dasselbe! *Würde man den Fehler machen, Gesetz und Typik als identisch hinzustellen, würde das praktische Gesetz eine beobachtbare Natur der Freiheit in der Sinnenwelt gebären.* Die Folge würde ein faktisches sittliches Universum sein, das mit meinen Sinnen wahrnehmbar wäre!

In Kants eigenen Worten liest sich das so:

So scheint es widersinnig, in der Sinnenwelt einen Fall antreffen zu wollen, der, da er immer so fern nur unter dem Naturgesetze steht, doch die Anwendung eines Gesetzes der Freiheit auf sich verstatte, und auf welchen die übersinnliche Idee des Sittlichguten, das darin in concreto dargestellt werden soll, angewandt werden könne. (KpV A 120)

2. Der Gedanke der Glückseligkeit

Vielleicht ist es schon aufgefallen, daß der Gedanke vom Streben nach Glückseligkeit, der sich von Beginn bis zum Ende von Kants ethischen Schriften verstreut findet, bislang ausgespart wurde. Der Grund hierfür ist, daß Kants Ausführungen dazu nicht zufriedenstellend und auch nicht immer konsequent sind. Der philosophische Anfänger sollte damit nicht belastet werden.

Grob gesehen können wir bei Kant zwei Gedankenkreise um den Begriff der Glückseligkeit ausmachen. In der Tugendlehre der späteren ›Metaphysik der Sitten‹ kommt noch ein dritter hinzu, den wir im Punkt 4 dieses Kapitels kurz streifen wollen.

a. Wie in dem vorigen Kapitel über die Autonomie des Willens bereits angedeutet, ist Glückseligkeit das natürliche Streben des Menschen nach Glück und wird als materiale Willensbestimmung abgelehnt. Man kann Glück nicht kategorisch gebieten, da es zum menschlichen Grundstreben gehört; es ist die Summe aller Neigungen und Bedürfnisse, und ist somit empirisch und inhaltlich-material bedingt.

b. Neben diesem Aspekt gibt es noch die Sicht

Kants, daß Glückseligkeit die Zusammenstimmung aller natürlichen Neigungen und Bedürfnisse ist, die zu einem harmonischen Leben dazugehören. Diese Sicht wird von Interpreten, wie von dem schon erwähnten H. J. Paton, als die weitaus befriedigendere angesehen, obwohl auch sie Schwierigkeiten aufgibt. Wir schließen uns dieser Auffassung an, da die ›Kritik der praktischen Vernunft‹ gegen Ende auf diese Deutung hinausläuft, wenn sie sagt:

Daher ist auch die Moral nicht eigentlich die Lehre, wie wir uns glücklich *machen*, sondern wie wir der Glückseligkeit *würdig* werden sollen. Nur dann, wenn auch die Religion dazu kommt, tritt auch die Hoffnung ein, der Glückseligkeit dereinst in dem Maße teilhaftig zu werden, als wir darauf bedacht gewesen, ihrer nicht unwürdig zu sein. (KpV A 234)

3. Der kategorische Imperativ innnerhalb der Rechtslehre von Kants ›Metaphysik der Sitten‹

Es war im Jahre 1797, ein Jahr nach Beendigung seiner Vorlesungstätigkeit, als Kant im Alter von 73 Jahren zu seinem letzten großen Werk ausholte. Er schrieb die lange angekündigte ›Metaphysik der Sitten‹ , zu der die ›Grundlegung zur Metaphysik der Sitten‹, die wir ja schon ausführlich behandelt haben, die Vorarbeit darstellte.

Das Spätwerk Kants ist in der Gelehrtenwelt nicht unumstritten. Die Beurteilung reicht von »Produkt eines vergreisenden Geistes« über »spröde, sperrige, unausgewogene und fahrige Spätschrift« bis hin zum »Gelingen einer letzten philosophischen Großtat«.

Die ›Metaphysik der Sitten‹ umfaßt ca. 330 Seiten und wird von Kant in die zwei Teile, *Rechtslehre* und *Tugendlehre*, unterteilt.

Wir wollen beide Teile für den philosophisch bereits Fortgeschrittenen kurz streifen.

Die *Rechtslehre* hat, grob gesagt, die Aufgabe, den Anspruch des Sittengesetzes über den Horizont der ethischen Gesinnung hinaus zu erweitern. Thema ist jetzt nicht mehr das sittliche Handeln des Einzelnen, sondern Thema ist das Verhältnis der Handlungen mehrerer Personen untereinander, egal ob diese dem Sittengesetz gehorchen oder nicht. Anders ausgedrückt:

In der Rechtslehre will Kant eine Regulationsprinzip aufstellen, welches die äußeren Verhältnisse von Personen innerhalb der Sinnenwelt regelt, unabhängig von deren sittlicher Gesinnung.

So formuliert Kant ein Prinzip des Rechts, das er auch ein »Prinzip aller Maximen« nennt. (Zitiert werden die Stellen aus der Rechtslehre mit der Abkürzung RL plus Originalpaginierung, die Stellen der Tugendlehre mit TL plus Originalpaginierung.)

§ *C. Allgemeines Prinzip des Rechts*

Eine jede Handlung ist recht, die oder nach deren Maxime die Freiheit der Willkür eines jeden mit jedermanns Freiheit nach einem allgemeinen Gesetz zusammen bestehen kann etc.
    Wenn also meine Handlung, oder überhaupt mein Zustand, mit der Freiheit von jedermann nach einem allgemeinen Gesetz zusammen bestehen kann, so tut der mir Unrecht, der mich daran hindert; denn dieses Hindernis (dieser Widerstand) kann mit der Freiheit nach allgemeinen Gesetzen nicht bestehen. (RL 33)

Hat Kant in den bisher behandelten ethischen Schriften die Frage gestellt, wie sich die von mir verallgemeinerte Maxime mit dem Sittengesetz verträgt, lautet die Frage jetzt anders: *Wie verträgt sich meine Handlung mit der Freiheit des anderen (und umgekehrt)?*

Beispiel: Habe ich ein vertragliches Versprechen einem anderen gegenüber geleistet und will es aus persönlichem Vorteilsdenken heraus brechen, beeinträchtige ich die Freiheit des Vertragspartners. Da ich die Verträglichkeit von beider Freiheit nicht von empirischen Faktoren oder gar von der Materie des Vertrages abhängig machen kann, muß diese Verträglichkeit *formalen Charakter* haben. Diesen formalen Charakter bietet nun das Rechtsgesetz. Seine Formulierung ähnelt der des kategorischen Imperativs:

Also ist das allgemeine Rechtsgesetz: handle äußerlich so, daß der freie Gebrauch deiner Willkür mit der Freiheit von jedermann nach einem allgemeinen Gesetz zusammen bestehen kann. (RL 34)

Damit ist für Kant der Weg frei, über die moralische Gesinnung hinauszugehen und die konkreten Handlungen zwischen Menschen zu untersuchen, auch wenn sie nicht unter dem Sittengesetz stehen.

Welche Möglichkeit habe ich aber nun für den Fall, daß ich dem kategorischen Imperativ gehorchen möchte, aber der andere, der von meiner Handlung betroffen ist, nicht? Kant beantwortet dies in einem eigenen kurzen Kapitel:

§ D. Das Recht
ist mit der Befugnis zu zwingen verbunden

Der Widerstand, der dem Hindernisse einer Wirkung entgegengesetzt wird, ist eine Beförderung dieser Wirkung und stimmt mit ihr zusammen. Nun ist alles, was Unrecht ist, ein Hindernis der Freiheit nach allgemeinen Gesetzen; der Zwang aber ist ein Hindernis oder Widerstand, der der Freiheit geschieht. Folglich: wenn ein gewisser Gebrauch der Freiheit nach allgemeinen Gesetzen (d.i. unrecht) ist, so ist der Zwang, der diesem entgegengesetzt wird, als *Verhinderung eines Hindernisses der Freiheit* mit der Freiheit nach allgemeinen Gesetzen zusammen stimmend, d.i. recht. (RL 35)

In unserem Beispiel heißt das: Wenn der Partner den Vertrag brechen will, ist dies ein Hindernis für meine Freiheit. Diesem Hindernis setzt nun das Rechtsgesetz seinerseits ein Hindernis für die Freiheit des anderen entgegen: den Zwang.

Die Behinderung von Freiheit kann Unrecht sein; ist sie es, kann ich dieser Behinderung ein Hindernis entgegenstellen. Dann ist dieses Hindernis selbst kein Unrecht. Kant schließt daraus:

Das Vermögen, andere zu verpflichten, ... [ist] der Begriff des Rechts. (RL 48)

Schließlich prüft Kant, ob dieses Vermögen zu zwingen, d.h. das Recht, mit dem kategorischen Imperativ vereinbar ist.

Kann ich wollen, daß die Anwendung von Zwang zur Verhinderung eines Hindernisses von Freiheit ein allgemeines Gesetz werde?

Die Antwort ist für Kant ein klares Ja. Dies ist gerade das Neue, das Kant in die Rechtslehre einbringt: Der kategorische Imperativ bestätigt die Moralität der rechtlichen Zwangshandlung!

Somit gibt es für das Individuum eine doppelte Möglichkeit der Verpflichtung:

– die ethische Verpflichtung. Beispiel: Ich halte mein vertragliches Versprechen *aus Pflicht, aus Achtung vor dem Gesetz,* d.h. ich unterwerfe mich dem kategorischen Imperativ.

– die »juridische« Verpflichtung. Beispiel: Ich halte mein vertragliches Versprechen, weil ich dazu gezwungen werden kann, d.h. ich unterwerfe mich dem Rechtsgesetz. Das Recht zu diesem Zwang ist durch den kategorischen Imperativ als moralisch ausgewiesen.

4. *Der kategorische Imperativ innerhalb der Tugendlehre von Kants ›Metaphysik der Sitten‹*
Die Tugendlehre gehört zu den am meisten vernachlässigten ethischen Hauptschriften Kants. Die Literatur darüber ist spärlich, vielleicht nicht ohne Grund. Wirft Kant in der ›Kritik der reinen Vernunft‹ der Tugendlehre vor, sie würde »niemals eine wahre und demonstrierte Wissenschaft abgeben« (KrV B 79), muß er in der ›Metaphysik der Sitten‹ seine Meinung wohl geändert haben.

Auch hier wollen wir bereits vorweg das Anliegen der Tugendlehre grob angeben:
Es geht ihr um den Anspruch, die ethische Forderung des Sittengesetzes zu konkretisieren. Für die Untersuchung des reinen Sollens in der ›Grundlegung‹ und ›Kritik der praktischen Vernunft‹ war dies nicht nötig, es genügte die Herausarbeitung der formalen Struktur dieses reinen Sollens. Aber bereits in der ›Grundlegung‹ hat Kant die Beziehung der Sittlich-

keit auf ein mögliches Objekt in der Sinnenwelt eingeräumt (Gr.BA 28).

Es scheint in der Tat ein gewisser Neuansatz Kants vorzuliegen, wenn er sagt: »Die Ethik dagegen gibt noch eine *Materie* (einen Gegenstand der freien Willkür), einen Zweck der reinen Vernunft ... an die Hand.« (TL 4), hat er doch vorher Materie und Zwecke aus der ethischen Betrachtung ausgeblendet. Grund dafür ist sicher die richtige Einsicht: Eine jede Handlung hat ihren Zweck. Der Zusammenhang, in den dieses Zitat eingebettet ist, soll uns den Einstieg in diesen Neuansatz erleichtern.

III. Von dem Grunde, sich einen Zweck,
der zugleich Pflicht ist, zu denken

Zweck ist ein *Gegenstand* der freien Willkür, dessen Vorstellung diese zu einer Handlung bestimmt, wodurch jener hervorgebracht wird. Eine jede Handlung hat also ihren Zweck und, da niemand einen Zweck haben kann, ohne sich den Gegenstand seiner Willkür selbst zum Zweck zu machen, so ist es ein Akt der *Freiheit* des handelnden Subjekts, nicht eine Wirkung der *Natur,* irgend einen Zweck der Handlungen zu haben. Weil aber dieser Akt, der einen Zweck bestimmt, ein praktisches Prinzip ist, welches nicht die Mittel ... sondern den Zweck ... gebietet, so ist es ein kategorischer Imperativ der reinen praktischen Vernunft, mithin ein solcher, der einen *Pflichtbegriff* mit dem eines Zweckes verbindet.

Es muß nun einen solchen Zweck und einen ihm korrespondierenden kategorischen Imperativ geben. Denn, da es freie Handlungen gibt, so muß es auch Zwecke geben, auf welche, als Objekt, jene gerichtet sind. Unter diesen Zwecken aber muß es auch einige geben, die zugleich (d.i. ihrem Begriffe nach) Pflichten sind. – Denn gäbe es keine dergleichen, so würden, weil doch keine Handlung zwecklos sein kann, alle Zwecke für die praktische Vernunft immer nur als Mittel zu anderen Zwecken gelten und ein kategorischer Imperativ wäre unmöglich; welches alle Sittenlehre aufhebt. (TL 11 f.)

Was hier steht, heißt im Klartext: Zwecklose Handlungen gibt es nicht, jede Entscheidung des Lebens ist voll von Zwecken. Die meisten von ihnen benötigen die richtigen Mittel, um sie zu erreichen. Wäre das nun alles, stellt Kant fest, wären sämtliche Entscheidungen des Lebens lediglich Mittel/Zweck-Abwägungen der Vernunft, bräuchten wir keine Ethik: Die Freiheit der moralischen Entscheidung würde ersetzt werden durch die Planung der richtigen Mittel.

Dies kann nicht sein, also sucht Kant nach einem Zweck, der nicht bedingt ist. Einen kennen wir bereits, es ist der Mensch als Zweck an sich selbst.

Aus diesem behauptet er, zwei Zwecke ableiten zu können, die frei sind von dem Vorwurf empirischer Zufälligkeit und frei sind von jeglicher Bedingung sinnlicher Reize und Neigungen. Es sind Zwecke, die verbindlich sind, *ohne* daß etwaige Mittel zu ihrer Verwirklichung gefordert wären. Es sind dies für Kant:
– fremde Glückseligkeit,
– eigene Volkommenheit.

Eigene Glückseligkeit scheidet als verbindlicher Zweck aus, weil das nicht Pflicht sein kann, »was ein jeder unvermeidlich schon von selbst will«. Ebenso verhält es sich mit der *fremden* Vollkommenheit, »denn darin besteht eben die Vollkommenheit eines anderen Menschen, als einer Person, daß er *selbst* vermögend ist, sich seinen Zweck nach seinen eigenen Begriffen von Pflicht zu setzen ...« (TL 13)

Der »Akt der Freiheit des handelnden Subjekts« kann sich natürlich auch auf empirische Zwecke erstrecken, dann ist es aber kein »praktisches Prinzip« im Kantschen Sinne. Nur wenn dieser Akt der Freiheit im fordernden Sinn auf die beiden unbedingten Zwecke geht, *ohne sich fordernd auf die Mittel zu erstrecken,* liegt nach Kant ein kategorischer Imperativ vor.

Als oberstes Prinzip der Tugendlehre heißt dann diese Variante des kategorischen Imperativs:

Handle nach einer Maxime der Zwecke, die zu haben für jedermann ein allgemeines Gesetz sein kann. (TL 30)

Eigene Vollkommenheit und fremde Glückseligkeit sind also die unbedingten Zwecke, die Pflicht sind. Kant braucht sie für seine Tugendlehre für eine bestimmte Absicht: Die formale Gesetzmäßigkeit des Sittengesetzes, wie wir sie vorher in Form des kategorischen Imperativs kennengelernt haben, konnte bislang nur in negativ-ausgrenzender Weise Inhalte absondern. Der kategorische Imperativ in den vier Beispielen der *Grundlegung* hat nur das eindeutig ausgegrenzt, was wir *nicht* tun dürfen: einen Vertrag brechen, unsere Talente verwahrlosen lassen, Hilfe in der Not verweigern … Auch im Selbstmordbeispiel, in dem auf den ersten Blick geboten wird, das Leben zu erhalten, ist letztlich eine Negativaufforderung: nämlich das Leben bei Übeln *nicht* abzukürzen.

Jetzt dagegen hat Kant mit den beiden Pflichtzwecken der eigenen Vollkommenheit und fremder Glückseligkeit eine positive Formulierung gefunden, ohne welche die innere Freiheit der Entscheidung abstrakt und unwirklich bliebe.

Damit ist für den Menschen, der in der Sinnenwelt sittlich handeln möchte, der Weg frei, seine empirischen Zwecke, die er für seine Handlungen notwendigerweise braucht, an den geforderten Pflichtzwecken zu messen.

Das Denkmal in Königsberg

Ein Blick zurück:
Die Ethik Kants in Kurzfassung

Unser Weg durch die Moralphilosophie Kants geht dem Ende zu. Aus diesem Grunde sei es gestattet, einen Blick auf die zurückgelegte Wegstrecke zu werfen.

Es ist unbestritten, daß der Denker aus Königsberg seiner Zeit etwas Neues über Moral gesagt hat. Er hat ein Prinzip von Moralität aufgestellt, das losgelöst von jedem Eigennutzdenken, gültig für alle Menschen und unabhängig von jeder Situation, den Anspruch auf Gültigkeit zu allen Zeiten zu erheben versuchte.

Dies mag man heute bestaunen oder kritisieren. Gerade in unserer Zeit, wo in der Ethik auf dem Gebiet von Gentechnologie, Sterbehilfe und bewaffneten Friedenseinsätzen Grenzpflöcke eingerissen werden, die früher als unverrückbar galten, wird zwangsläufig die Frage gestellt werden, ob der Anspruch eines einzigen Moralprinzips auf zeitlose Gültigkeit dringend notwendig oder aber vermessen ist.

Wir wollen dem Leser nicht einzureden versuchen, welche Position er in dieser Frage einzunehmen hat. Um eine eigene Entscheidung kommt niemand herum. Um sich aber entscheiden zu können, muß man den Anspruch von Kants Sittengesetz kennen. Es kennenzulernen war Aufgabe und Ziel des vorliegenden Buches.

Denn wenn Kant beteuert, daß selbst das »gemeine Auge« mit Hilfe seines kategorischen Imperativs den Unterschied zwischen gut und böse zu erkennen vermag, klingt dies für uns ein wenig übertrieben, wenn man bedenkt, wie schwer sich dies gemeine Auge oftmals mit der Lektüre von Kants Schriften tut.

Aus diesem Grund ist dieses Buch geschrieben worden. Das von Kant gefundene Sittengesetz kennenzulernen, war Aufgabe und Ziel des vorliegenden Buches. Nicht mehr, aber auch nicht weniger. Was der Leser daraus macht und welche Bewertung er vornimmt, ist allein seine Sache.

※※※

Auch in diesem Buch wollen wir zum Abschluß das Angebot einer knappen Zusammenfassung machen. Diese Kurzform soll und kann aber das Gelesene nicht ersetzen und sollte auch nicht dazu verleiten, auf die Lektüre Kants im Original zu verzichten.

Die Moralphilosophie Kants in vier langsamen Schritten.

Erster Schritt
Neben unserer sichtbaren Welt, in der die Gesetze der Natur walten, gibt es noch eine Welt oder besser: einen Bereich, der darüber hinausgeht und der sich mir nur in Gedanken erschließt. Darin ist die Idee der Freiheit zu Hause, eine Idee, die nicht bewiesen werden kann und die nicht im Gegensatz zur Natur steht.

Gibt es in diesem Bereich auch eine Gesetzlichkeit, ähnlich der in der Natur? Ja, denn wenn es schon Gesetze im Bereich der Natur gibt, müßte es auch Gesetzmäßigkeiten bei den Urteilen über die Frage der Moral, welches Handeln richtig oder falsch ist, geben.

Zweiter Schritt
Dies zu beantworten ist Aufgabe der Vernunft. Die Vernunft ist das Vermögen, den Bereich der Sinne und der Natur zu übersteigen; nachdem sie diese Aufgabe in der ›Kritik der reinen Vernunft‹ für die Erkenntnis des Menschen in Angriff genommen hatte, bekommt sie dieselbe Aufgabe für die Moral zugeteilt: den Willen des Menschen zu bestimmen und damit die sinnliche Natur des Menschen zu übersteigen. Dieses Feld

der Willensbestimmung darf die Vernunft nicht unserer Erfahrung überlassen, deshalb hat sie sich zum Programm gemacht, zur Bestimmung des moralisch Guten die Willensbestimmung von sämtlichen Erfahrungen und Neigungen radikal zu säubern.

Dritter Schritt
Die Vernunft kommt nun bei der Frage nach Gut und Böse zu folgendem Ergebnis: Gut an sich ist nicht der mögliche Gegenstand des Willens (Mut, Tapferkeit, Glück ...), sondern nur der gute Wille selbst, der einer Handlung zu Grunde liegt. Gut ist eine Handlung dann, wenn sie nicht pflichtmäßig ist (dies ist der Bereich der Legalität), sondern wenn sie aus Pflicht geschieht (dies ist der Bereich der Moralität). Ferner ist eine Handlung dann gut, wenn sie aus Achtung für das Sittengesetz erfolgt.

Vierter Schritt
Diesem Sittengesetz kann ich auf die Spur kommen, wenn ich die Maxime meines Handelns einer bestimmten Gesetzmäßigkeit unterziehe, die apriorisch für alle Menschen allgemein und notwendig wie ein Naturgesetz gilt. Die Formel dieser Gesetzmäßigkeit aber ist der kategorische Imperativ. Dieser besagt:
Ich denke meine beabsichtigte Handlungsweise versuchsweise als Vorschrift, die nicht nur für mich und für heute gilt, sondern die als angenommenes Gesetz für alle widerspruchsfrei gelten kann.
Der Grund dafür, dieses Gesetz für mich erlassen zu können, liegt in der Selbstbestimmung des Willens. Der Grund dafür aber liegt in der Freiheit.

Literatur-Empfehlungen

Die am Anfang geschilderte Begebenheit von Kant und den Schwalbennestern ist dem Buch entnommen:
Alfons Hoffmann, Immanuel Kant, Halle 1902, S. 409 f.
C. A. Ch. Wasianski, Immanuel Kant in seinen letzten Lebensjahren.
Dort finden sich auch die Äußerungen von Ludwig E. Borowski über Kants Einstellung zur Religion, S. 272 f.

Einführungen in Kant:
(Grundsätzlich gilt, daß alle Kant-Einführungen, die sich auf die ›Kritik der reinen Vernunft‹ beziehen, auch einen Teil haben, der den moralphilosophischen Aspekt seiner Philosophie abdeckt.)
Wilhelm Weischedel, Die philosophische Hintertreppe, München, dtv 30020
Paul-Heinz Koesters, Deutschland deine Denker, Hamburg 1981
Otfried Höffe, Immanuel Kant, in der Reihe Große Denker, C. H. Beck, München 1983
(dasselbe stark verkürzt, vom selben Autor, in O. Höffe, Klassiker der Philosophie II, C. H. Beck, München 1981)
Arsenij Gulyga, Immanuel Kant, Insel Verlag, Frankfurt 1981
(dasselbe stark verkürzt, vom selben Autor, in A. Gulyga, Die klassische deutsche Philosophie, Reclam, Leipzig 1990)

Philosophie-Geschichte:
Gut geeignet für eine erste Begegnung mit Kants Denken innerhalb der Philosophie-Geschichte sind die betreffenden Kant-Abschnitte in:

Johannes Hirschberger, Geschichte der Philosophie 2, Herder, Freiburg 1976

E. Coreth/H. Schöndorf, Philosophie des 17. und 18. Jahrhunderts, Kohlhammer, Stuttgart 1983

Als Nachschlagewerk interessant:

Peter Kunzmann/Franz-Peter Burkard/Franz Wiedmann, dtv, München 1991, Atlas zur Philosophie

Äußerst reizvoll zu lesen ist auch der originelle Roman über die Geschichte der Philosophie:

Jostein Gaarder, Sofies Welt, Hanser Verlag, München 1993

Wissenschaftliche Werke:
Das klassische Standardwerk für Studenten, die wissenschaftlich über den kategorischen Imperativ, wie er in der ›Grundlegung‹ abgehandelt ist, arbeiten wollen, ist:

H. J. Paton, Der kategorische Imperativ, de Gruyter, Berlin 1962

Wer ausführlich über den kategorischen Imperativ, wie er in der ›Kritik der praktischen Vernunft‹ abgehandelt ist, arbeiten will, kann lesen:

L. W. Beck, Kants Kritik der praktischen Vernunft, Fink, München 1974

Wer sich für das Thema der Verallgemeinerung interessiert, sollte unbedingt lesen:

Marcus George Singer, Verallgemeinerung in der Ethik. Zur Logik moralischen Argumentierens, Suhrkamp, Frankfurt 1975

Schwierige Kost für den Profi, der Kants Gedanken parallel zu anderen philosophischen Ergebnissen lesen möchte, bietet:
Claus Daniel, Kant verstehen, Campus, Frankfurt 1984

Einen Vergleich zwischen der kritischen Ethik Kants und seiner Spätschrift ›Die Metaphysik der Sitten‹ bietet (nicht leicht zu lesen):
Ralf Ludwig, Kategorischer Imperativ und Metaphysik der Sitten – Die Frage nach der Einheitlichkeit von Kants Ethik, Peter Lang Verlag, Frankfurt 1992

Friedrich Nietzsche Sämtliche Werke in 15 Dünndruck-Bänden

Erstmals mit dem vollständigen Nachlaß

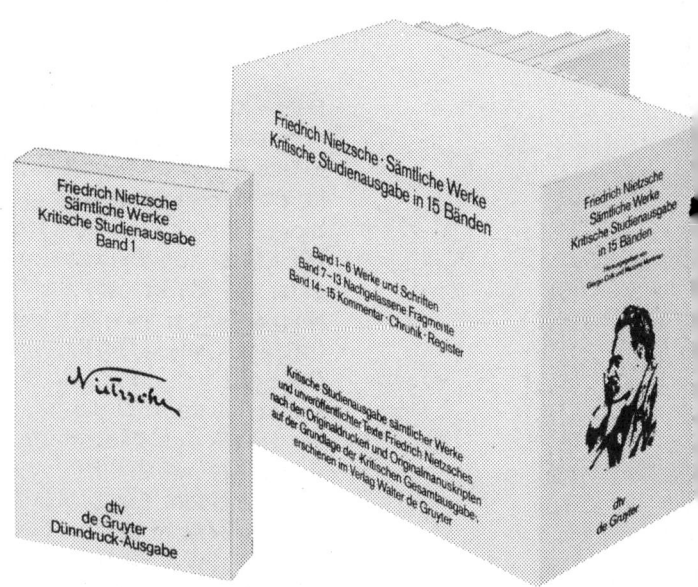

Kritische Studienausgabe sämtlicher Werke und unveröffentlichter Texte Friedrich Nietzsches nach den Originaldrucken und Originalmanuskripten auf der Grundlage der ›Kritischen Gesamtausgabe‹ (KGW), erschienen im Verlag Walter de Gruyter. Herausgegeben von Giorgio Colli (†) und Mazzino Montinari.

15 Bände in Kassette, insgesamt 9592 Seiten, dtv/de Gruyter 5977 / DM 298,–

Friedrich Nietzsche Sämtliche Briefe in 8 Dünndruck-Bänden

Kritische Studienausgabe
Herausgegeben von Giorgio Colli und Mazzino Montinari

Diese Kritische Studienausgabe der ›Sämtlichen Briefe Friedrich Nietzsches‹ ist der lange erwartete biographische Kommentar zur Kritischen Studienausgabe der Werke und der Nachgelassenen Fragmente (dtv / de Gruyter 5977). Die erste vollständige kritisch-edierte Ausgabe der Briefe des großen »Unzeitgemäßen« im Taschenbuch: Ein Dialog mit der Zeit, in der er lebte und mit der er sich auseinandersetzte, ein philosophisches, ein menschliches, ein historisches Dokument ersten Ranges.

Diese Ausgabe enthält erstmals ein erweitertes Namensregister von über 100 Seiten.

8 Bände in Kassette, insgesamt 3470 Seiten
5922 / DM 158,–

Denkanstöße – Philosophie im dtv

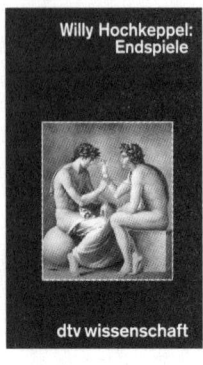

Wolfgang Bauer:
**China und
die Hoffnung
auf Glück**
Paradiese, Utopien,
Idealvorstellungen in
der Geistesgeschichte
Chinas
dtv 4547

William K. Frankena:
Analytische Ethik
dtv 4640

Ernest Gellner:
**Pflug, Schwert und
Buch**
Grundlinien der
Menschheits-
geschichte
dtv 4602

Christopher Robert
Hallpike:
**Die Grundlagen
primitiven Denkens**
dtv 4534

Willy Hochkeppel:
Endspiele
Zur Philosophie des
20. Jahrhunderts
dtv 4594

**Klassiker des
philosophischen
Denkens**
Hrsg. N. Hoerster
2 Bände
dtv 4386/4387

**Klassische Texte
der
Staatsphilosophie**
Hrsg. N. Hoerster
dtv 4455

Panajotis Kondylis:
**Die Aufklärung
im Rahmen des
neuzeitlichen
Rationalismus**
dtv 4450

Jacques Le Goff:
**Die Intellektuellen
im Mittelalter**
dtv 4581

Ernst R. Sandvoss:
**Geschichte der
Philosophie**

Band 1: **Indien,
China, Griechen-
land, Rom**
dtv 4440

Band 2: **Mittelalter,
Neuzeit, Gegenwart**
dtv 4441

Peter F. Strawson:
**Analyse und
Metaphysik**
dtv 4615

Texte zur Ethik
Hrsg. D. Birnbacher
und N. Hoerster
dtv 4456

Was das Schöne sei
Hrsg. M. Hauskeller
dtv 4626

**dtv-Atlas zur
Philosophie**
dtv 3229